CADERNOS DE PROCESSO DO TRABALHO

N. 4

FORMAÇÃO, SUSPENSÃO E EXTINÇÃO DO PROCESSO

NULIDADES PROCESSUAIS

Manoel Antonio Teixeira Filho
Advogado – Juiz aposentado do TRT da 9ª Região – Fundador da Escola da Associação dos Magistrados do Trabalho do Paraná — Professor Emérito do Centro Universitário de Curitiba-Unicuritiba – Professor na Escola da Magistratura do Trabalho do Paraná — Membro do *Instituto Latinoamericano de Derecho del Trabajo y de la Seguridad Social* — do Instituto de Direito Social do Brasil — da *Société Internacionale de Droit du Travail et de la Sécurité Sociale* — do Instituto dos Advogados do Paraná — da Academia Nacional de Direito do Trabalho – da Academia Paranaense de Letras Jurídicas – do Instituto dos Advogados de São Paulo.

CADERNOS DE PROCESSO DO TRABALHO

N. 4

FORMAÇÃO, SUSPENSÃO E EXTINÇÃO DO PROCESSO

NULIDADES PROCESSUAIS

De acordo com a Lei n. 13.467/2017 ('Reforma Trabalhista')

LTr®

EDITORA LTDA.

Rua Jaguaribe, 571
CEP 01224-003
São Paulo, SP — Brasil
Fone (11) 2167-1101
www.ltr.com.br
Maio, 2018

Produção Gráfica e Editoração Eletrônica: PIETRA DIAGRAMAÇÃO
Projeto de capa: FABIO GIGLIO
Impressão: PIMENTA & CIA. LTDA.

Versão impressa — LTr 6004.2 — ISBN 978-85-361-9616-9
Versão digital — LTr 9352.4 — ISBN 978-85-361-9640-4

Dados Internacionais de Catalogação na Publicação (CIP)
(Câmara Brasileira do Livro, SP, Brasil)

Filho, Manoel Antonio Teixeira

Cadernos de processo do trabalho, n. 4 : formação, suspensão e extinção do processo : nulidades processuais. De acordo com a Lei n. 13.467/2017 ('Reforma Trabalhista') / Manoel Antonio Teixeira Filho. – São Paulo: LTr, 2018.

Bibliografia.

1. Direito processual do trabalho 2. Direito processual do trabalho – Brasil I. Título.

18-14007 CDU-347.9:331(81)

Índice para catálogo sistemático:

1. Brasil: Direito processual do trabalho 347.9:331(81)

SUMÁRIO

Primeira Parte
Formação, Suspensão e Extinção do Processo

Segunda Parte
Nulidades Processuais

PRIMEIRA PARTE

FORMAÇÃO, SUSPENSÃO E EXTINÇÃO DO PROCESSO

Capítulo I

Formação do processo

A doutrina, desde muito tempo, apegou-se ao vocábulo *pressupostos* para designar os elementos indispensáveis à *formação* e ao *desenvolvimento* regulares da relação jurídica processual. Todavia, se bem refletirmos, concluiremos que esse vocábulo é inadequado para essa finalidade, por indicar aquilo que vem antes de alguma coisa (pre + suposto). Ora, a verificação da existência desses "pressupostos" não é realizada *antes* da instauração do processo, senão que *no próprio processo*. Se imaginarmos, porém, que a doutrina vem fazendo uso desse substantivo para expressar as matérias que devam ser examinadas *antes do mérito*, até poderemos concordar com essa atitude, embora estejamos convencidos de que o vocábulo *requisitos* seja muito mais apropriado para expressar os elementos necessários à formação e ao desenvolvimento regulares da relação processual.

Pondo de lado esse rigor terminológico, vejamos, a seguir, quais são os pressupostos legais necessários à *formação* da relação jurídica processual.

1. Pressupostos de formação

1.1. Pressupostos subjetivos

1.1.1. Partes. São "os sujeitos do contraditório instituído perante o juiz", nas palavras de Liebman ("Manualle di Diritto Processuale Civile", Milano: Giuffrè, 1973, I, n. 41, pág. 75). A qualidade de parte deriva da titularidade das situações jurídicas, ativas e passivas, que compõem a relação processual: "ser parte significa, então, ser titular dessa situação global perante o juiz, o qual, sendo a encarnação do Estado no processo, também é titular de poderes e deveres, além da autoridade que ali exerce e que tem como correspectivo a já referida sujeição das partes (Cândido Rangel Dinamarco, "Litisconsórcio", S. Paulo, Revista dos Tribunais, 1984, pág. 7).

O indivíduo e as coletividades adquirem o *status* de parte no momento em que passam a deter a titularidade das situações jurídicas mencionadas, mesmo que não tenham exercido nenhum dos poderes ou faculdades que a norma legal lhes atribui. De modo geral, por quatro formas se adquire a qualidade de parte:

a) pela *demanda,* pois quem toma a iniciativa de requerer a entrega da prestação jurisdicional assume a posição de demandante;

b) pela *citação*, porquanto a pessoa diante da qual o autor formula pretensões se converte em réu, vale dizer, em parte legítima para responder a essas pretensões, às quais poderá resistir juridicamente, ou submeter-se;

c) pela *intervenção*, voluntária ou compulsória, em processo alheio (intervenção de terceiro);

d) pela *sucessão*, espontânea ou coacta, da parte originária.

Embora, no geral, a parte seja titular do direito material alegado em juízo, há casos, legalmente previstos, em que, por exceção, se atribui legitimidade para alguém postular, em nome próprio, direito alheio: cuida-se, neste caso, do fenômeno jurídico da *substituição processual* – que não passa, na verdade, em nosso meio, de um mandato legal *para a lide* (*ad litem*). Aqui, não há coincidência entre a titularidade do direito material e a titularidade da ação.

Dentre os diversos princípios referentes às partes, três merecem atenção especial, a saber:

a) da *dualidade*, que pressupõe a existência de, quando menos, duas partes (autor e réu) ou de dois grupos de interesses contrapostos, como preferir-se. Note-se,que não estamos cogitando da *presença* das partes em juízo, como suposta exigência para a validade da relação processual; se assim fizéssemos, estaríamos a fazer censurável concessão a superadas concepções romanistas do passado remoto. A dualidade nada mais expressa do que a exigência de que a relação processual seja integrada por, no mínimo, duas partes; havendo apenas uma pessoa, seguramente, não estaremos diante de uma parte nem de um processo, mas de um interessado e de um procedimento;

b) da *igualdade*, segundo o qual o juiz deve subministrar um tratamento rigorosamente equânime, igualitário, aos litigantes, cuja imposição legal (CPC, art. 139, I), emana do seu ontológico dever de neutralidade, como órgão incumbido de solucionar, de maneira heterônoma, os conflitos de interesses submetidos à sua apreciação (cognição). Esse princípio – convém destacar – se encontra inscrito no art. 5º , *caput*, da Constituição Federal, e representa, sem dúvida, uma das pilastras de sustentação de nosso Estado Democrático de Direito (Const. Federal, art. 1º, *caput*);

c) do *contraditório*, pelo qual se assegura ao réu o direito de defender-se e, de modo geral, às partes, de serem comunicadas dos atos praticados no processo. Este princípio também possui sede constitucional (art. 5º , LV).

1.1.2. Juiz. Processo sem a participação de juiz é o não-processo, é um simulacro, é processo inexistente. A contar do momento, de extraordinária importância para o direito dos povos, em que a jurisdição foi convertida em atividade estatal monopólica, a presença do juiz no processo se tornou indispensável. Recordemos que o processo constitui método estatal de solução de conflitos de interesses; logo, sendo o juiz o próprio

Estado a distribuir justiça, seria inadmissível imaginar-se um processo sem o Estado-Juiz. Demais, o processo moderno não é propriedade das partes, pois não se situa nos domínios de seus interesses privados. Enfim, já não há lugar, nos tempos atuais, para as lides privadas (autotutela), tão frequentes num período longínquo e obscuro de nossa História.

Quando aludimos à presença do juiz, como um dos pressupostos de formação da relação processual, estamos a cogitar, à evidência, *de juiz regularmente investido no cargo e no pleno exercício de suas funções.* Desta maneira, se o juiz foi *nomeado* para o cargo, mas não recebeu a necessária *investidura* formal, é evidente que se encontra desprovido de poder jurisdicional. O mesmo podemos dizer do magistrado que, a despeito de estar investido no cargo, foi afastado do exercício das funções em decorrência de punição disciplinar ou de qualquer outro ato, legalmente previsto. Em tais situações, os atos por ele praticados serão *inexistentes,* do ponto de vista jurídico.

De outro lado, para que a relação processual se constitua de modo regular, é imprescindível a presença de *juiz natural* (que preferimos denominar de *juiz preexistente,* expressão mais didática), ou seja, que não tenha sido instituído para julgar determinada causa ou pessoa. O que se exige, pois, é que o órgão jurisdicional *preexista* ao fato a ser julgado, e não que seja constituído *após* o fato *(post factum).* A Constituição Federal em vigor, mantendo uma salutar tradição inaugurada pela de 1946, proíbe a criação de tribunais ou de juízos *de exceção* (art. 5º, XXXII).

Ao mencionarmos, portanto, o juiz como um dos requisitos (ou "pressupostos") para a formação regular da relação processual estamos a dizer que se trata de juiz:

a) nomeado para o cargo e nele investido;

b) no pleno exercício de suas funções; c) natural (ou preexistente); d) imparcial.

Do quanto expusemos até esta altura, podemos fazer o seguinte resumo:

a) o ingresso do autor em juízo faz com que se estabeleça uma relação processual entre ele e o magistrado (relação linear e ativa);

b) citado o réu, forma-se uma outra relação processual, que o vincula ao juiz (angulariza-se a relação, que é passiva)

c) uma terceira relação se constitui, de maneira automática, atando as partes (autor e réu) e dando à relação processual seus contornos finais.

Falamos em contornos finais, porque, efetuada a citação, deverão ser mantidas as mesmas partes, salvo as substituições previstas em lei (CPC, art. 108). Eis o *princípio da estabilização subjetiva do processo ou da lide.*

A citação também impede que haja modificação *objetiva* do processo, ou seja, que ocorra alteração quanto à *causa de pedir* ou ao *pedido (CPC, art. 329).*

Mais: a propositura da ação define a *perpetuatio iurisdictionis*, ou melhor, *determina a competência* do órgão, sendo, em face disso, irrelevantes as posteriores modificações do estado de fato ou de direito, exceto quanto suprimirem o órgão judiciário ou alterarem a competência absoluta (CPC, art. 43).

1.2. Pressuposto objetivo

Ação (ou demanda). Como asseveramos há pouco, a jurisdição se mantém em um estado de *inércia*, a significar, com isso, que o juiz não a pode exercer por sua iniciativa, mas, apenas, mediante provocação da parte interessada (CPC, art. 2º). Assim o é, porque seria, evidentemente, perturbadora das relações sociais a possibilidade de o juiz sair por aí a fomentar lides, além de esse gesto torná-lo *parcial* aos olhos do réu.

A ação consiste, pois, no direito público subjetivo (e, em nosso meio, de natureza constitucional: Const. Federal. art. 5º, XXXV) de invocar a prestação da tutela jurisdicional. A *pretensão*, por seu turno, espelha a exigência feita pelo autor de que o seu interesse prevaleça sobre o do réu; que este, enfim, se submeta à pretensão. Vê-se, pois, que a ação está diretamente jungida à pretensão: aquela, sem esta, é nada. A *causa*, por outro lado, corresponde à projeção da lide no processo. Ao exercer a ação, para formular uma *pretensão*, o autor está, com isso, projetando a lide (conflito de interesses) nos autos, que, a partir desse momento, passa a ser a *causa* que deseja ver apreciada pelo juiz. Dispõe, a propósito, o art. 291, do CPC, que a toda *causa* será atribuído um *valor*, ainda que não possua conteúdo econômico imediatamente aferível. O vocábulo *demanda*, que também aparece várias vezes no texto do atual CPC, não é sinônimo de ação, traduzindo, isto sim, o ato de provocar o exercício da atividade jurisdicional. Dessarte, enquanto a *ação* consiste em um *poder*, em um direito subjetivo, a *demanda* nada mais é do que o *ato* pelo qual se postula um provimento da jurisdição.

O instrumento pelo qual a parte ativa a jurisdição, invocando a tutela do Estado-Juiz, é a *petição inicial*. Justamente por isso, é que a lei exige que essa peça processual contenha determinados requisitos mínimos (CLT, art. 840; CPC, art. 319), sem os quais será inválida, ou melhor, inepta (CPC, art. 330, I e § 1º), cujo indeferimento acarretará a extinção do processo sem pronunciamento acerca do mérito (CPC, art. 485, I).

Na verdade, a petição inicial é multifacetada, pois a sua finalidade variará conforme o ângulo pelo qual se examine essa importante peça do processo. Do ponto de vista puramente *político-processual*, ela representa esse instrumento de provocação da atividade jurisdicional, que acabamos de referir. Se a virmos sob o ângulo específico do *autor*, concluiremos que ela se traduz no repositório de suas pretensões e, sob esse aspecto, não será equivocado dizer-se que ela constitui uma espécie de "projeto de sentença", que o autor visa a conseguir; pois este, ao ingressar em juízo, deseja obter um provimento jurisdicional que coincida com os pedidos formulados na inicial. Caso submetamos essa petição ao foco óptico do *juiz*, veremos que ela consiste na medida, na cravelha pela qual a lide deverá ser solucionada. Com efeito, vem da lei o mandamento de que ao juiz será defeso julgar *infra, ultra ou extra petita*, devendo, por esse motivo, decidir a lide nos limites em que foi proposta, sendo-lhe vedado conhecer de questões, não suscitadas, a cujo respeito a lei exige a iniciativa da parte (CPC, art. 141), bem como proferir sentença, a favor do autor, de natureza diversa da pedida, ou condenar o réu em quantia superior ou em objeto diverso do que lhe foi demandado (CPC, art. 492).

Há autores que apontam a *lide*, não a ação, como pressuposto *objetivo* de existência da relação processual. Dissentimos desse entendimento, *data venia*. Ora, se lide, no conceito carneluttiano, corresponde à pretensão *resistida e insatisfeita*, seríamos levados a incidir no erro de supor que em certos casos, com o de revelia, a relação processual não teria existido, pois o réu, na hipótese, ao deixar de responder à ação, não teria *resistido* às pretensões manifestadas pelo autor. Mesmo sob o prisma estritamente legal, essa opinião, de que estamos a divergir, seria insustentável, porquanto, sabendo-se que, desde o sistema do CPC de 1973, o vocábulo *lide* corresponde a mérito (Exposição de Motivos, Cap. II, 6), teríamos de admitir, contra os princípios e com agressão ao bom senso, que a extinção do processo *sem* exame do mérito faria *inexistente* a relação processual!

2. Pressupostos de desenvolvimento

Constituída regularmente, a relação processual deverá *desenvolver-se* rumo à sentença de mérito, seu ponto de atração magnética – embora, como vimos, determinados acidentes de percurso possam fazer com que o processo se extinga sem julgamento do mérito, corresponde a dizer, sem que o juiz se pronuncie sobre o direito material controvertido.

Vejamos quais são esses pressupostos de desenvolvimento.

2.1. Quanto às partes:

2.1.1. Capacidade de ser parte

Todo aquele que é sujeito de direito tem capacidade de ser parte: "Toda pessoa é capaz de direitos e deveres na ordem civil", declara o art. 1º do Código Civil. *Parte*, portanto, é todo aquele que se encontra no gozo dos seus direitos.

Os incapazes, por exemplo, têm capacidade de *ser parte* (*ad causam*), podendo, em razão disso, integrar a relação jurídica processual, conquanto não a possuam para *estar em juízo*, equivale a afirmar, para praticar atos processuais com efeitos jurídicos. Falta-lhes, em suma, a necessária legitimidade para o processo (*ad processum*).

O processo civil atribuiu a capacidade de ser parte não só às pessoas físicas (ou naturais), como as jurídicas, e, ainda, a determinadas massas patrimoniais, como a falida, e às heranças jacente e vacante, ou, até mesmo, ao espólio – que nem sequer é dotado de personalidade jurídica (CPC, art. 75).

São *absolutamente incapazes* de exercer, de maneira pessoal, os atos da vida civil:

- os menores de dezesseis anos;
- os que, em decorrência de enfermidade ou deficiência mental, não tiverem o necessário discernimento para a prática desses atos;
- os que, mesmo em razão de causa transitória, não puderem exprimir sua vontade (CC, art. 3º, I a III, respectivamente).

São *relativamente incapazes*:

- os maiores de 16 e menores de 18 anos;
- os ébrios habituais, os viciados em tóxicos, e os que, por deficiência mental, tenham o discernimento reduzido;
- os excepcionais, sem desenvolvimento mental completo;
- os pródigos (CC, art. 4º, I a IV, respectivamente).

A menoridade termina aos 18 anos completos (CC, art. 5º). Todavia, a incapacidade cessará para os menores de idade:

- pela concessão dos pais, ou de um deles na falta do outro, mediante instrumento público, independentemente de homologação judicial, ou por sentença do juiz, ouvido o autor, se o menor tiver 16 anos completos;
- pelo casamento;
- pelo exercício de emprego público efetivo;
- pela colação de grau em curso de ensino superior;
- pelo estabelecimento civil ou comercial, ou pela existência de relação de emprego, desde que, em função deles, o menor com 16 anos completos tenha economia própria (CC, art. 5º, parágrafo único, I a V, respectivamente).

2.1.2. Capacidade de estar em juízo

É regulada pelos arts. 70 a 76 do CPC. Estabelece o primeiro que "toda pessoa que se encontre no exercício dos seus direitos tem capacidade para estar em juízo".

Conforme pudemos ver na letra anterior, certas pessoas, embora se encontrem no gozo dos seus direitos, não possuem capacidade para exercê-los. É, mais ou menos, o que se passa no âmbito processual, onde a capacidade de ser parte não se confunde com a de estar em juízo. De ordinário, esta última só é cometida àqueles que estejam no *exercício* dos seus direitos, motivo por que não possuem legitimidade *ad processum*, dentre outros, os menores e os portadores de debilidade mental.

Nos termos do art. 71, do CPC, os incapazes serão representados ou assistidos por seus pais, tutores ou curadores, na forma da lei civil. Como vimos, as pessoas absolutamente incapazes estão previstas no art. 3º, do Código Civil; as relativamente incapazes, no art. 4º , do mesmo Código.

Tanto a capacidade de ser parte, quanto a de estar em juízo, por serem pressupostos necessários para a *formação* e o *desenvolvimento* regulares da relação processual, devem ser examinados pelo juiz, *ex officio*, em qualquer tempo e grau de jurisdição, enquanto não ocorrer o trânsito em julgado (CPC, arts. 485, IV e § 3º). O art. 267, IV, § 3º , do CPC de 1973, dispunha que o juiz poderia conhecer de ofício das matérias aí mencionadas, "enquanto não proferida a sentença de mérito". Essa dicção legal nos levou a observar que a referência feita ao proferimento da sentença de mérito, como marco final para o exame dos mencionados pressupostos, deveria ser adequadamente interpretada, sob pena de conduzir a graves distorções de seu verdadeiro escopo, no plano da realidade prática. É lógico que o juiz de primeiro grau, ao emitir a sentença de mérito, não mais poderá alterá-la, exceto em decorrência de embargos declaratórios ou para corrigir inexatidões materiais, como erros de cálculo ou de escrita (CPC, de 1973, art. 463). Assim deve ser, porque o juiz, ao pronunciar-se acerca da lide, cumpre e acaba o seu ofício jurisdicional. Pode o tribunal, entretanto, em grau de recurso (apelação), declarar a falta de capacidade de ser parte ou de estar em juízo, pois a menção legal à sentença de mérito constitui proibição dirigida, apenas, ao juiz que a proferiu. Caberá ao tribunal, portanto, manifestar-se sobre estarem presentes, ou não, ditos pressupostos, tenham estes sido objeto, ou não, de anterior apreciação pelo juízo de primeiro grau. Convencendo-se da inexistência de um desses pressupostos, o tribunal deverá determinar a extinção do processo, sem exame do mérito.

Como, no sistema do CPC de 2015, o limite para que o juiz possa conhecer *ex officio* das matérias mencionadas nos incisos IV, V, VI e IX, do art. 485, fica evidente que ele pode exercer essa faculdade – em qualquer tempo e grau de jurisdição – mesmo depois da emissão da sentença de mérito, mas antes de que esta se submeta ao fenômeno da coisa julgada material.

Estatui o art. 76, do CPC, que o juiz, verificando a incapacidade processual ou a irregularidade de representação, suspenderá o processo e marcará prazo razoável para que a falha seja sanada. Desde logo, deve ser esclarecido que a incapacidade, no caso, é a *ad processum* (para o processo = estar em juízo), pois a *ad causam* (para a causa = ser parte) não pode ser sanada; ademais, a incapacidade processual e a irregularidade de representação são coisas distintas: aquela diz respeito à *legitimatio ad processum*, à aptidão para praticar atos processuais dotados de efeitos jurídicos; esta concerne àquelas pessoas (jurídicas, de modo geral), cuja representação judicial a lei define (CPC, art. 75), tendo em vista o fato de constituírem uma abstração jurídica ou de não possuírem personalidade jurídica.

Não sendo cumprido o despacho, no prazo assinado, se a providência couber: a) ao autor, o juiz declarará extinto o processo, sem julgamento do mérito (CPC, art. 485, VI); b) ao réu, será considerado revel, se a providência lhe couber (inciso II), podendo ocorrer, ou não, o efeito da revelia (CPC, arts. 344 e 348). Ocorrendo, estará autorizado a realizar o julgamento antecipado da lide (CPC, art. 335, II); c) ao terceiro, será declarado revel ou excluído do processo, conforme seja o polo processual em que figure (CPC, incisos I a inciso III, respectivamente).

Se, em grau de recurso, o autor, o réu ou o terceiro deixarem de cumprir a determinação para a correção da irregularidade de representação processual, o relator: a) não admitirá o recurso, se a providência couber ao recorrente; b) determinará o desentranhamento das contrarrazões, caso a providência esteja a cargo do recorrido (CPC, art. 76, § 2º).

De ordinário, as pessoas que participam da relação processual são as mesmas que integram a relação de direto material. Há, portanto, uma *natural* coincidência entre essas relações jurídicas. Logo, tais pessoas, quando ingressam em juízo, postulam, em nome próprio, direito também próprio. Existem, no entanto, situações excepcionais, em que a lei atribui legitimidade para o processo a pessoas que não detêm a titularidade do direito material a ser alegado em juízo: é o fenômeno da substituição processual, que se caracteriza pelo fato de o autor postular, em nome próprio, direito alheio. A expressão "substituição processual" parece ter sido utilizada, pela primeira vez, por Chiovenda, conquanto se reconheça a Köhler o mérito de haver dedicado estudos pioneiros sobre o tema. É relevante sublinhar que a substituição processual somente será possível quando expressamente autorizada por lei (CPC, art. 18).

Os pontos que fazem a substituição processual diferençar-se da mera representação são estes: a) na substituição: 1) o substituto não precisa do consentimento do substituído para ingressar em juízo: basta que esteja "autorizado pelo ordenamento jurídico"; 2) o substituto pleiteia, em nome próprio, direito alheio; b) na representação: 1) o representante não é parte, mas representante da parte; b) o representante age em nome do representado.

2.1.3. Capacidade postulatória

No sistema do processo civil, a capacidade em questão pode ser conceituada como a aptidão ou o direito de a pessoa dotada de legitimidade para o processo (*ad processum*) participar da demanda *por meio* de quem se encontre legalmente habilitado para postular em juízo, ou seja, por intermédio de advogado regularmente constituído. Estabelece, a esse respeito, o art. 36, do CPC: "A parte será representada em juízo por advogado regularmente inscrito na Ordem dos Advogados do Brasil". Em caráter excepcional, a parte poderá pleitear pessoalmente em juízo quando tiver habilitação legal, estando a postular em causa própria (*ibidem*, parágrafo único). No sistema peculiar do processo do trabalho, entretanto, o art. 791, *caput*, da CLT, reconhece capacidade postulatória às próprias partes, conquanto não as impeça de se fazerem representar por advogado. A propósito, a Lei n. 10.288, de 20-9-2001, impunha nova redação a este artigo, que era a seguinte: "A assistência de advogado será indispensável a partir da audiência de conciliação, se não houver acordo antes da contestação, inclusive nos dissídios coletivos". Esse dispositivo legal, todavia, foi vetado pelo Sr. Presidente da República.

Para que possa atuar em juízo, em nome da parte, é indispensável que o advogado possua instrumento de mandato (procuração), que deverá juntar aos autos. Contudo, mesmo sem mandato, o advogado poderá intentar ação, em nome da parte, a fim de evitar preclusão, decadência ou prescrição assim como intervir no processo para praticar atos reputados urgentes (CPC, art. 104, caput). Em tais casos, o advogado se obrigará, independentemente de caução, a exibir o instrumento de mandato no prazo de quinze dias, prorrogável por mais quinze dias, mediante despacho do juiz (*ibidem*, § 1º). Os atos, não ratificados no prazo, serão havidos por ineficazes, em relação àquele em cujo nome foram praticados, respondendo o advogado por despesas e perdas e danos (*ibidem*, § 2º). É importante lembrar, porém, que o mandato também pode ser tácito (CC, art. 656).

Por força da Lei n. 9.469, de 10-7-97, a representação judicial das autarquias e das fundações públicas, por procuradores ou advogados, desde que ocupantes de cargos efetivos dos respectivos quadros, independe da apresentação do instrumento de mandato (art. 6º). Pensamos, contudo, que nesse caso os advogados das mencionadas entidades não poderão praticar atos para os quais a lei exija poderes *especiais*, como, por exemplo, para receber citação, confessar, reconhecer a "procedência" do pedido, transigir, desistir, renunciar ao direito sobre que se funda a ação, receber e dar quitação e firmar compromisso (CPC, art. 105).

2.2. Quanto ao juiz:

2.2.1. Jurisdição. A pessoa do juiz natural, ontologicamente considerada, pertence ao terreno dos pressupostos subjetivos de formação (existência) da relação jurídica processual; visto o juiz, porém, sob o ângulo do poder-dever jurisdicional, de que é provido, a sua figura se desloca para o campo dos pressupostos de desenvolvimento dessa relação.

Embora a jurisdição, como atividade estatal monopólica, possua um conceito unitário, será possível falar-se em jurisdição civil, penal, trabalhista etc., conforme seja a natureza dos conflitos de interesses a que o processo se destine a solucionar.

Para que a relação processual se desenvolva de maneira regular é indispensável que dela participe não somente o juiz, mas, acima de tudo, o juiz munido de jurisdição, que consiste, clássica e etimologicamente, no poder-dever de dizer com quem está o direito disputado (*iuris* + *dictio*). Por isso, deixamos dito, em linhas transatas, que processo sem juiz (dotado de jurisdição) não é processo, é simulacro, é falseamento.

2.2.2. Competência. Já se afirmou, com propriedade, que a competência é a medida ou a quantidade de jurisdição que a lei atribui ao juiz. Além de ser esse elemento delimitador da jurisdição, a competência ostenta, em nosso meio, o predicamento de garantia constitucional, pois o art. 5º , inciso LIII, da Constituição Federal, declara que ninguém será processado, nem sentenciado, "senão pela autoridade competente" (destacamos).

É importante deixar claro que a competência não é de quem a deseja ter, mas de quem a lei a atribui, de maneira expressa. Em rigor, a competência não diz respeito ao juiz, mas ao juízo. Por outro lado, há equívoco na expressão: "conflito de jurisdição", outrora apropriada pela doutrina, pois o fenômeno jurídico que se verifica, neste caso, é um *conflito de competência,* que poderá ser positivo ou negativo. Inadequada também á a difundida locução: *perpetuatio iurisdictionis,* uma vez que um dos efeitos da propositura da ação é a determinação da competência (CPC, art. 43); sendo assim, o que se "perpetua" (define) não é a jurisdição, mas a competência.

2.2.3. Imparcialidade. Como o Estado detém o monopólio da administração da justiça, o mínimo que os indivíduos podem esperar é que os juízes, como órgãos estatais, sejam neutros, imparciais, na condução do processo e na solução do conflito de interesses. O dever de neutralidade da magistratura está inscrito no art. 139, I, do CPC, cujo desrespeito gera a suspeição do juiz (CPC, art. 145) e a própria nulidade do processo. Na verdade, esse princípio está insinuado no art. 5º , caput, da Constituição da República, segundo o qual todos são iguais perante a lei, sem distinção de qualquer natureza – e por parte de quem quer que seja, completamos.

2.3. Quanto ao procedimento

2.3.1. Inicial apta. A petição inicial representa o instrumento pelo qual o autor invoca a prestação da tutela jurisdicional do Estado, com o escopo de promover a defesa de um bem ou de uma utilidade da vida. Essa provocação é necessária, pois, como vimos antes, a jurisdição se mantém em um ontológico estado inercial, a impedir, com isso, que o juiz, inclusive o do trabalho, tome a iniciativa da prestação jurisdicional (CPC, art. 2º).

Para que a petição inicial seja apta, não apenas para ativar a jurisdição, mas para ensejar a entrega da prestação correspondente, deverá atender aos requisitos enumerados no art. 840, da CLT, e, supletivamente, no art. 489, do CPC (exceto o § 1º , deste), dispensada a indicação do valor da causa, no procedimento ordinário. A inicial deverá, também, fazer-se acompanhar dos documentos indispensáveis à propositura da ação (CLT, art. 787). Caso a petição não preencha esses requisitos, ou apresente defeitos ou irregularidades capazes de dificultar o julgamento do mérito, o juiz, na qualidade de condutor do processo, determinará que o autor a emende ou a complete, no prazo de quinze dias, indicando, de modo preciso, o que deve ser corrigido ou complementado (CPC, art. 321,*caput*). Não sendo realizada a diligência que se impunha, a petição inicial será indeferida, por inepta (CPC, art. 330, I e § 1º), com extinção do processo sem resolução do mérito (CPC, art. 485, I).

2.3.2. Citação válida. A citação constitui ato processual de extrema importância para o réu, pois será por meio dessa comunicação judicial que ele tomará conhecimento da ação. A citação é a mais elevada manifestação do princípio do contraditório (que tem sede na Constituição Federal: art. 5º , LV), e se encontra umbilicalmente ligada a um outro princípio constitucional: o do devido processo legal (art. 5º , LIV). Sem a citação, o réu poderia vir a ser condenado, sem ter oportunidade para apresentar a sua versão dos fatos. Encarada sob esse prisma, a citação reflete um postulado característico dos regimes democráticos.

Na definição do art. 238, do CPC, a citação é o ato pelo qual "são *convocados* o réu, o executado ou o interessado para integrar a relação processual" (destacamos). A redação dessa norma legal está a merecer um pequeno reparo, de ordem doutrinal. Ocorre que, pela citação, na verdade se dá *ciência* ao réu da existência da ação, para que ele, caso pretenda, venha a juízo para defender-se. Por outras palavras: o réu não é, necessariamente, *convocado* a juízo por meio da citação. O objetivo desta é, como dito, de comunicar-lhe o ajuizamento da ação e de abrir-lhe oportunidade para oferecer a resposta que desejar (exceção, contestação, reconvenção, etc.). Mesmo que o réu deixe de responder, o processo prosseguirá (à sua revelia, portanto).

A citação (assim como a intimação) será nula quando realizada em desacordo com as prescrições legais (CPC, art. 280).

2.3.3. Inexistência de perempção. Oriundo do latim peremptio, de perimere (aniquilar, extinguir, destroçar), o vocábulo perempção significa, na linguagem processual, a perda – em regra momentânea – de um direito ou de uma faculdade processual. Trata-se de matéria de defesa (CPC, art. 337, V), embora possa ser pronunciada ex officio (CPC, art. 485, § 3º).

Exemplo típico de perempção é o previsto nos art. 732, da CLT: dar, o autor, por duas vezes consecutivas, motivo à extinção do processo, em virtude no não comparecimento injustificado à audiência inicial. A sanção consistirá na impossibilidade de intentar novamente a ação, em face do mesmo réu, no período de seis meses. Particularmente, entendemos que a regra contida no art. 732, da CLT, está em antagonismo com o art. 5º , inciso XXXV, da Constituição Federal, conforme o qual a lei não poderá excluir da apreciação do Poder Judiciário (por que motivo seja) lesão ou ameaça a direito. Dizendo de outro modo: a nosso ver, a mencionada norma infraconstitucional foi tacitamente revogada pelo art. 5º , XXXV, da Suprema Carta Política do País. Como a Constituição é posterior àquela norma infraconstitucional, o fenômeno é o da revogação desta, não de sua inconstitucionalidade.

O § 3º, do art. 486, do CPC, também veda o exercício do direito de ação (em face do mesmo réu e com o mesmo objeto) se o autor der causa, por três vezes, à extinção do processo, por abandono da causa. Também aqui, a nosso ver, há contraste com o art. 5º, XXXV, da Constituição Federal, mesmo que a norma do CPC ressalve ao autor "a possibilidade de alegar em defesa o seu direito". Esse contraste configura a inconstitucionalidade do dispositivo processual, pois o CPC de 2015 é posterior à Constituição de 1988.

A citação, desde que válida, mesmo quando ordenada por juiz incompetente, produz os seguintes efeitos:

a) induz litispendência;

b) faz a coisa litigiosa;

c) constitui o devedor em mora (CPC, art. 240, *caput*).

O art. 219, do CPC de 1973, incluía, nos efeitos da citação válida: a) a prevenção do juízo e b) a interrupção da prescrição. Esses elementos não se encontram referidos no *caput* do art. 240, do CPC de 2015, porque, no sistema deste Código: a) o registro ou a distribuição da petição inicial torna prevento o juízo (art. 59); b) a interrupção da prescrição ocorre pelo *despacho que determina a citação* (art. 240, § 1º), cujo critério também deve ser utilizado para a determinação da prevenção. No sistema do processo do trabalho, o uso da medida cautelar de *protesto*, para interromper a prescrição, só era admissível até 10 de novembro de 2017, data em que entrou em vigor a Lei n. 13.467/2017 (TST, SBDI-1, OJ n. 392). A contar do dia 11 do referido mês, a interrupção da prescrição somente se tornou possível com o ajuizamento da ação (CLT, art. 11, § 3º; TST, Súmula n. 268).

2.3.4. Inexistência de litispendência. Há litispendência ou coisa julgada quando se reproduz ação anteriormente ajuizada (CPC, art. 337, § 1º). Uma ação é idêntica à anterior quando coincidirem três elementos: 1) partes (sujeitos); 2) causa de pedir (título); 3) pedido (objeto), como consta do § 2º da norma processual sobredita. Há litispendência quando se repete ação que está em curso (ibidem, § 3º); e coisa julgada quando se repete ação que já foi decidida por decisão de que já não caiba recurso (ibidem, § 4º).

Considera-se posta a ação, para efeito de configuração de litispendência, tanto que haja ocorrido citação válida. Sendo assim, havendo duas ações em juízo, com identidade de pessoas, causa de pedir e pedido, cumprirá ao juiz verificar em qual delas a citação foi realizada em primeiro lugar, declarando a litispendência no tocante àquela em que a citação se deu posteriormente, com a consequente extinção deste último processo, sem exame do mérito (CPC, art. 485, VI).

Uma nótula necessária: há muito tempo a doutrina e a jurisprudência trabalhistas vêm incorrendo no equívoco de supor inexistir litispendência entre a ação promovida, individualmente, pelo trabalhador, e a ajuizada pelo sindicato representativo de sua categoria profissional, como substituto processual, mesmo que as causas de pedir e os pedidos de ambas as ações sejam idênticos. Essa corrente de pensamento alega que, no caso, não há identidade de pessoas, pois os autores, nas referidas ações, não são os mesmos. Ora, essa diversidade de autores é irrelevante, pois o titular do direito *material*, tanto numa quanto noutra ação, é o mesmo: o trabalhador. A não se entender configurada a litispendência em tais casos, estar-se-ia propiciando o surgimento de situações verdadeiramente surrealistas, como quando uma das sentenças declarasse inexistente o direito material postulado, e outra, ao contrário, afirmasse a existência desse mesmo direito. Convém lembrar que entre os escopos da litispendência está, precisamente, o de evitar situações que tais.

2.3.5. Inexistência de coisa julgada. A coisa julgada material, segundo o art. 502, do CPC, é a autoridade, que torna imutável e indiscutível a decisão de mérito, não mais sujeita a recurso. A res iudicata não é efeito, mas qualidade da sentença (ou do acórdão). A coisa julgada formal é a que se constitui nos autos, não se irradiando para além dos limites deste. Examinada à risca, essa expressão revela uma certa impropriedade técnica, pois nos casos em que se diz haver coisa julgada formal, a res (= pretensão formulada na ação), na verdade, não foi apreciada (julgada)!

No plano prático, caracteriza-se, para os efeitos dos arts. 337, VII, e 485, V, do CPC, a *res iudicata materia*l quando se repete ação já decidida por pronunciamento jurisdicional transitado em julgado (CPC, art. 337, § 4º). Assim sendo, incumbirá ao réu, em sua resposta (CPC, art. 337, VII), denunciar o fato ao juiz, a fim de que o processo seja extinto, sem exame do mérito (CPC, art. 485, V). Em que pese ao fato de o interesse, quanto a isso, ser sempre do réu, a lei permite ao juiz conhecer, por sua iniciativa, da coisa julgada, em qualquer tempo e grau de jurisdição, enquanto não ocorrer o trânsito em julgado (CPC, art. 485, § 3º).

O respeito à coisa julgada constitui, entre nós, mandamento constitucional de larga e saudável tradição; dela se ocupa o art. 5º , inciso XXXVI, da Suprema Carta Política, em vigor.

2.3.6. Inexistência de conexão. Dispõe o art. 337, VIII, do CPC, que o réu deverá alegar, em sua resposta, dentre outras coisas, a conexão. Há, nessa afirmação da lei, contudo, um manifesto minus dixit quam voluit (um dizer-se menos do que o pretendido), pois, sendo o caso, o réu poderá alegar também a continência, cujo conceito processual é mais amplo do que o de conexão.

Realmente, enquanto a *conexão* se configura pela identidade de causa de pedir ou de pedido (CPC, art. 55), a *continência* se estabelece pela mesmeidade das partes e das causas de pedir, desde que o objeto de uma, por ser mais amplo, abranja o da outra (CPC, art. 56).

O objetivo, tanto da conexão quanto da continência, é fazer com que as causas, por espelharem a mesma lide, ou aspectos semelhantes da mesma lide, tenham os correspondentes autos reunidos, a fim de realizar-se uma só instrução e de proferir-se uma única sentença. Nesse sentido, uma e outra têm como finalidade evitar a ocorrência de pronunciamentos jurisdicionais eventualmente contraditórios entre si. Não se pode negar que essa reunião de autos atenda, por outro lado, à política de economia de atos processuais, mediante a concentração, num mesmo processo, de duas ou mais lides.

Se a ações houverem sido propostas no mesmo juízo, este pode ordenar, por sua iniciativa ou a requerimento de qualquer das partes, a reunião dos autos. Duas nótulas devem ser acrescentadas. Primeira: a reunião, no caso, é de autos, e não de ações, como está na lei, ou mesmo de processos, como está no gosto de alguns escritores. Ora, sendo a ação um direito público subjetivo, e o processo um método estatal de solução de lides, fica difícil entender como poderiam ser reunidos, levando-se em conta a sua existência *abstrata*. Segunda: essa reunião, em princípoio, traduz *faculdade* do juiz, que, por isso, a exercerá segundo o seu prudente arbítrio, segundo a sua discricionariedade, enfim. O juiz somente terá o *dever* de reunir os autos no caso em que, mesmo inexistindo conexão entre os processos, as respectivas decisões puderem gerar risco de decisões conflitantes ou contraditórias, se viessem a ser proferidas separadamente (CPC, art. 55, § 3º).

Por fim, uma crítica inevitável: o simples fato de haver conexão ou *continência* não significa, por si só, a existência de um obstáculo ao *desenvolvimento* regular da relação jurídica estabelecida no segundo processo – circunstância que nos leva a asseverar que uma e outra, opostamente ao que sustenta a doutrina predominante, não representam elementos impeditivos da validade e da regular desenvolução do processo, mesmo que o juiz se decida pela reunião dos autos. O absurdo de considerá-las como *pressupostos de desenvolvimento* da relação processual fica tanto mais evidente se considerarmos que essa reunião – excluído o caso do art. 55, § 3º, do CPC – é algo que entra na faculdade do magistrado, que, em virtude disso, poderá não determinar tal junção, sem que isso prejudique o segundo processo, em cujos autos a conexão ou a continência foram denunciadas. A situação fatual é, portanto, totalmente diversa daquela que justificou a inclusão da *litispendência* e da *coisa julgada* no elenco desses pressupostos negativos, porquanto, aqui, haverá *repetição* de ações – anomalia que não se verifica na conexão e na continência.

Capítulo II

Suspensão do Processo

1. Conceito de processo

O vocábulo *processo* sugere, na terminologia jurídica, a ideia de marcha à frente, de um seguir em direção à sentença de mérito, seu ponto de atração, de culminância e de exaustão. Contudo, em determinados casos previstos em lei, essa marcha adiante é obstada, em decorrência de causas voluntárias, ou não; ocorre, então, a suspensão temporária do processo. Podemos, em face disso, enunciar o seguinte conceito de suspensão processual: é o ato pelo qual, em virtude de causa prevista em lei, seja voluntária ou não, o curso do processo é temporariamente obstado, sendo, em princípio, vedada a prática de qualquer ato, nesse período, a não ser os reputados urgentes ou destinados a restabelecer a própria marcha processual.

Alguns comentários acerca deste nosso conceito devem ser formulados. Em primeiro lugar, a suspensão do processo está ligada a uma relação de causa e efeito: cessada aquela, cessa este; durante o período de suspensão, como é evidente, subsiste o vínculo processual. Em segundo, os atos praticados anteriormente à suspensão não são afetados; aliás, nem mesmo são prejudicados os atos que se iniciaram antes da suspensão, pois sua fluência será retomada quando cessar a causa da suspensão. É o que dispõe o art. 221, do CPC. Em terceiro, dissemos que, em princípio, nenhum ato processual poderia ser praticado durante a suspensão, pois só em casos excepcionais é que se admitirá, nesse ínterim, a realização de atos reputados urgentes, cuja prática seja necessária para evitar dano irreparável. Dentre esses atos se inclui a citação destinada a impedir a prescrição ou a decadência.

É importante observar que a suspensão do processo, para produzir os seus efeitos, depende de decisão judicial; esclareça-se, no entanto, que essa decisão terá natureza meramente declaratória, porquanto, na verdade, o processo se suspende a partir do momento em que sobrevier a causa que a determinou – e não, da decisão judicial que ordena a suspensão.

Por outro lado, o fim da suspensão do processo pode ser automático ou depender de um pronunciamento do juiz. No primeiro caso, há a fixação de um momento para o término da suspensão; essa fixação pode decorrer: a) da própria norma legal, como se dá, por exemplo, com exceção de incompetência, ou b) de ato judicial, como ocorre quando a paralisação tenha sido deferida por certo tempo. No segundo, como não existe a fixação de um prazo, o término da suspensão estará subordinado a uma nova manifestação do juiz, como se verifica, por exemplo, nos casos de força maior.

2. Casos de suspensão

O art. 313, do CPC, enumera os seguintes casos (ou causas) de suspensão do processo:

2.1. Pela morte ou pela perda da capacidade processual de qualquer das partes, de seu representante legal ou de seu procurador (inciso I)

Falecendo uma das partes na relação jurídica processual (autor e réu), é imprescindível que haja a sua substituição, pelo espólio ou sucessor, nos termos do art. 110, do CPC.

Tratando-se, contudo, de direito intransmissível ou personalíssimo, o falecimento da parte acarretará não a suspensão, mas a própria extinção do processo, como acontece, no âmbito do processo civil, *e. g.*, nas ações de separação conjugal, alimentos, investigação da paternidade, interdição, prestação de contas e de mandado de segurança (CPC, art. 485, IX). No processo do trabalho, o processo de ação mandamental também fica extinto com a morte do impetrante.

Ressalvadas as situações referidas no parágrafo anterior, a morte de uma das partes fará com que o juiz determine a suspensão do processo, sem fixação de prazo, a fim de que os sucessores se habilitem, de acordo com o procedimento estabelecido pelos arts. 687 a 692, do CPC. É certo que o os sucessores não tomarem nenhuma iniciativa quanto a isso, a sua negligência poderá fazer com que o juiz extinga o processo sem exame do mérito, com fundamento no art. 485, II, do mesmo Código.

A suspensão do processo, entretanto, não é automática, pois, afinal de contas, o juiz pode não estar sabendo da morte de uma das partes. Assim, para que o juiz ordene a suspensão, é absolutamente indispensável que se faça prova, nos autos, desse falecimento. A esse respeito, algumas nótulas elucidativas são necessárias, com fundamento no art. 313, do CPC:

Na hipótese do inciso I, o juiz suspenderá o processo, nos termos do art. 689, § 1º (§1º).

Não ajuizada ação de habilitação, ao tomar conhecimento da morte, o juiz determinará a suspensão do processo e observará o seguinte:

I – falecido o réu, ordenará a intimação do autor para que promova a citação do respectivo espólio, de quem for o sucessor ou, se for o caso, dos herdeiros, no prazo que designar, de no mínimo 2 (dois) e no máximo 6 (seis) meses;

II – falecido o autor e sendo transmissível o direito em litígio, determinará a intimação de seu espólio, de quem for o sucessor ou, se for o caso, dos herdeiros, pelos meios de divulgação que reputar mais adequados, para que manifestem interesse na sucessão processual e promovam a respectiva habilitação no prazo (§ 2º).

No âmbito específico das relações de emprego, devemos destacar a Lei n. 6.858, de 24 de novembro de 1980, cujo art. 1º, *caput*, estabelece que os valores devidos aos empregados (aí incluídos os pertinentes ao FGTS e ao PIS), não recebidos em vida pelo titular, "serão pagos, em quotas iguais, aos dependentes habilitados perante a Previdência Social (...) e, na sua falta, aos sucessores previstos na lei civil, indicados em alvará judicial, *independentemente de inventário ou arrolamento*" (realçamos).

No caso de morte do procurador de qualquer das partes, ainda que iniciada a audiência de instrução e julgamento, o juiz determinará que a parte constitua novo mandatário, no prazo de 15 (quinze) dias, ao final do qual extinguirá o processo sem resolução de mérito, se o autor não nomear novo mandatário, ou ordenará o prosseguimento do processo à revelia do réu, se falecido o procurador deste (CPC, art. 313, § 3º).

É oportuno ressaltar que as regras legais pertinentes à substituição das partes, no caso de falecimento destas, somente são aplicáveis quando a parte for pessoa *física;* assim, o falecimento de um sócio de uma *pessoa jurídica,* sendo esta parte num processo, não acarretará nenhuma repercussão na relação processual, do ponto de vista dos seus sujeitos.

2.2. Pela convenção das partes (inciso II)

Sendo, o processo, um método estatal de solução dos conflitos intersubjetivos de interesses e, por isso, integrante do ramo do Direito Público, as partes não ostentam nenhum poder de disposição, quanto às normas processuais. Em caráter excepcional, contudo, a lei permite que elas, mediante acordo, *suspendam* o processo.

Assim, por petição, deverão as partes dirigir-se ao juiz, comunicando-lhe a intenção de suspender o processo. Fizemos uso do verbo *comunicar* porque, segundo o entendimento predominante na doutrina e na jurisprudência, o juiz não pode se opor à suspensão do processo, nesta hipótese. A sua atuação, por esse motivo, não é discricionária, mas vinculada à vontade dos litigantes. Logo, estes não *requerem* a suspensão, senão que a *comunicam,* a fim de que o juiz faço valer a convenção estabelecida por estes.

A suspensão, entrementes, não poderá exceder a um ano, no caso do inciso V, e a seis meses, na do inciso II, como deixa claro o § 3º, do art. 313, do CPC. Esgotado esse prazo, caberá ao escrivão fazer os autos conclusos ao juiz, para que este ordene o prosseguimento do processo. A retomada do curso processual, quando ultrapassado o prazo máximo legal, não depende, pois, de qualquer manifestação das partes, derivando, isto sim, de ato a ser realizado pelo juiz, *ex officio.*

2.3. Pela arguição de impedimento ou suspeição (inciso III).

No sistema do CPC de 2015, o impedimento e a suspeição do juiz devem ser objeto não mais de *exceção*, e sim, de petição específica, como demonstra o art. 146, do CPC. Essa norma, todavia, não se aplica ao processo do trabalho, pois o art. 799, *caput*, da CLT, segue prevendo que a suspeição e o impedimento deverão ser arguidos por meio de *exceção*. É oportuno denunciar a existência de manifesta omissão do art. 799, da CLT, quanto ao impedimento – fato que, submetido às inteligências doutrinária e jurisprudencial, não obsta a que este seja objeto de *resposta excecional*.

Outro esclarecimento deve ser feito. O art. 265, III, do CPC de 1973, também previa a suspensão do processo quando fosse oferecida exceção de *incompetência do juízo*. Tratava-se de incompetência *relativa*. O CPC de 2015, porém, deslocou a arguição dessa incompetência do campo das *exceções* para o das *preliminares ao mérito* (art. 337, II). Essa alteração também não repercute no processo do trabalho, porquanto o art. 799, *caput*, da CLT, conforme demonstramos, faz inequívoca alusão à *incompetência*.

A única incompetência que pode ser objeto de exceção é a *relativa*, como é o caso da referente ao território (*ratione loci*). A incompetência *absoluta* (pessoa, matéria, hierarquia) deve ser alegada como preliminar da contestação (CPC, art. 337, II).

A *exceção* constitui, ao lado da contestação e da reconvenção, uma das espécies do gênero *resposta do réu*.

No processo do trabalho, portanto, podem ser objeto de exceção não só a incompetência relativa, como o impedimento ou a suspeição. A primeira diz respeito ao juízo; as duas últimas, ao juiz, subjetivamente considerado. As causas de impedimento estão previstas no art. 144, do CPC; as de suspeição, no art. 155.

2.4. Pela admissão de incidente de resolução de demandas repetitivas (inciso IV)

O incidente supracitado é regido pelos arts. 976 a 987, do CPC.

Seus pressupostos legais são:

a) a efetiva repetição de processos contendo controvérsia a respeito da mesma questão unicamente de direito;

b) risco de ofensa à isonomia e à segurança jurídica (CPC, art. 976, I e I, nessa ordem).

O art. 982 estabelece que, sendo admitido o incidente pelo relator, este deverá, entre outras providências, *suspender* os processos pendentes, individuais ou coletivos, que tramitam na região ou no Estado, conforme seja o caso.

2.5. Quando a sentença de mérito: a) depender do julgamento de outra causa, ou da declaração da existência ou inexistência de relação jurídica que constitua o objeto principal de outro processo pendente; b) tiver de ser proferida somente após a verificação de determinado fato, ou a produção de certa prova, requisitada a outro juízo (inciso V)

a) *Julgamento de outra causa*. Para logo, devemos esclarecer que *prejudicial* e *preliminar* são coisas distintas. Enquanto a primeira, de modo geral, está ligada a questões de natureza processual subordinadoras do exame do mérito, a segunda se vincula diretamente ao mérito, podendo ser objeto de um outro processo. De outro lado, as prejudiciais podem ser *internas* ou *externas*. No primeiro caso, ela é apreciada pelo mesmo juiz da causa; no segundo, é tema de outro processo em curso. Percebe-se, pois, que a suspensão do processo, com base na letra "*a*", inciso V, do art. 313 do CPC, traduz *prejudicial externa*.

A propósito, só haverá essa suspensão se *não* puder ocorrer a *reunião de autos*, em virtude da ausência dos seguintes requisitos: comunhão das causas de pedir ou dos pedidos, além de competência do juízo, da identidade dos procedimentos e da fase em que se encontra o procedimento. Sendo *possível* a reunião de autos, não haverá suspensão do processo, cabendo ao juiz proferir uma única sentença, e apreciar, por primeiro, a questão prejudicial.

b) *Verificação de fato ou produção de prova*. Pode ocorrer de o juiz mandar verificar certo fato, ou determinar a produção de provas, perante outro juízo (mediante carta precatória, ou independentemente desta). Ora, se essas providências eram necessárias para efeito de julgamento da causa, é óbvio que a sentença não poderá ser proferida (ou outros atos processuais serem praticados) enquanto aquelas providências não forem realizadas. Desta forma, caberá ao juiz determinar a suspensão do processo, sempre que a sua continuidade depender das referidas providências.

c) *Julgamento de questão de estado*. O CPC de 1973 também determinava a suspensão do processo quando *tivesse "por pressuposto o julgamento de questão de estado requerido como declaração incidente"*.

A ação declaratória incidental, acerca de questão de fato, capaz de autorizar a suspensão do processo, não era a exercida perante o juiz da causa a ser suspensa, e sim, a proposta em outro juízo.

O CPC de 2015 não incluiu essa causa no elenco das que autorizam a suspensão do processo.

2.6. Por motivo de força maior (inciso VI)

Força maior, para os efeitos do dispositivo legal em exame, deve ser considerada todo fato que impossibilite o funcionamento do órgão jurisdicional, como incêndio, cataclismos, problemas de segurança, greve nos serviços judiciários, encerramento do expediente forense antes do horário normal, etc. Em tais casos, a suspensão do processo é medida indispensável para evitar que as partes sejam prejudicadas por atos a que não deram causa. A suspensão se inicia no momento em que se caracteriza a força maior, vindo o curso do processo a ser restabelecido tão logo desapareceram os motivos que levaram a essa suspensão. A CLT define a força maior como "todo acontecimento inevitável, em relação à vontade do empregador, e para a realização do qual este não concorreu, direta ou indiretamente" (art. 501). Substitua-se o vocábulo *empregador* por *parte* e ter-se-á uma definição de força maior aplicável no terreno processual.

O § 1º do art. 223, do CPC, define a força maior como "o evento alheio à vontade da parte e que a impediu de praticar o ato por si ou por mandatário"

2.7. Quando se discutir em juízo questão decorrente de acidentes e fatos da navegação de competência do Tribunal Marítimo (inciso VII)

A Justiça da competência não possui competência em relação à matéria. Por isso, dispensamo-nos de comentar esse inciso.

2.8. Demais casos (inciso VIII)

Para que a enumeração não fosse exaustiva, o legislador preferiu dizer que o processo seria também suspenso nos demais casos previstos no CPC.

Dentre esses casos, podemos indicar:

a) a incapacidade processual ou a irregularidade de representação (art. 76). Aqui, a suspensão será por "prazo razoável";

b) a *oposição* (art. 682), a *denunciação da lide* (art. 125) e o *chamamento ao processo* (art. 130), nos casos em que seja admissível no processo do trabalho;

c) os embargos à execução (CLT, art. 884);

d) quando o devedor não possuir bens penhoráveis (art. 921, III);

e) quando o credor conceder prazo para o devedor cumprir voluntariamente a obrigação (art. 922).

Recebida a exceção (seja qual for), o processo ficará suspenso, até que seja definitivamente julgada (CLT, art. 799).

O problema das férias, na suspensão do processo:

Estabelece o art. 214, *caput*, do CPC, que durante a férias e os feriados não se praticarão atos processuais, salvo: a) os atos previstos no art. 212, § 2º e b) as tutelas de urgência.

Os atos referidos pelo § 2º do art. 212 são: citações, intimações e penhoras.

São feriados nacionais, de acordo com a Lei n. 662/49, com a redação dada pela Lei n. 10.607, de 19-12-2002:

1º de janeiro (Confraternização Universal);

21 de abril (Tiradentes);

1º de maio (Dia do Trabalho);

7 de setembro (Independência do Brasil);

2 de novembro (Finados);

15 de novembro (Proclamação da República);

25 de dezembro (Natal).

Ainda:

12 de outubro (Nossa Senhora Aparecida, Padroeira do Brasil): Lei n. 6.802/1980.

A Lei n. 10607/2002 (art. 3º) revogou, expressamente, a Lei n. 1.266, de 8 de dezembro de 1950, que dispunha:

"Art. 1º Será feriado nacional o dia em que se realizarem eleições gerais em todo o país.

Parágrafo único. Quando as eleições se estenderem a uma ou mais de uma circunscrição eleitoral, ou somente a um ou mais de um município ou distrito, o dia para elas fixado será feriado apenas nos círculos eleitorais onde se realizem.

Art. 2º Quando não se tratar de data fixada pela Constituição ou por lei ordinária, serão as eleições marcadas para um domingo ou dia já considerado feriado por lei anterior".

Estabelece a Lei n. 9.093, de 12 de setembro de 1995:

"Art. 1º São feriados civis: I — os declarados em lei federal; II — a data magna do Estado fixada em lei estadual; III — os dias do início e do término do ano do centenário de fundação do Município, fixados em lei municipal.

Art. 2º São feriados religiosos os dias de guarda, declarados em lei municipal, de acordo com a tradição local e em número não superior a quatro, neste incluída a Sexta-Feira da Paixão".

A Lei n. 9.093/1995 revogou, de maneira expressa, o art. 11 da Lei n. 605, de 5 de janeiro de 1949.

Já não é possível haver *férias coletivas* em primeiro e segundo graus de jurisdição, por força da Emenda Constitucional n. 45/2004, que acrescentou o inciso XII ao art. 93, da Constituição da República, assim redigido: "a atividade jurisdicional será ininterrupta, sendo vedado férias coletivas nos juízos e tribunais de segundo grau, funcionando, nos dias em que não houver expediente forense normal, juízes em plantão permanente". As férias coletivas somente são possíveis, portanto, nos tribunais superiores (STF, TST, STJ, dentre outros). Também foi extinto, pela mencionada Emenda Constitucional, o recesso no âmbito da Justiça Federal, Comum e do Trabalho, instituído pela Lei n. 5.010, de 30-5-66.

Na verdade, o advento das férias forenses não suspende *o processo*, e, sim, *os prazos*: é o que consta do art. 220, do CPC. Sobre este assunto, algumas observações devem ser feitas: a) se determinado ato processual for praticado durante as férias, ele não será nulo; apenas, a sua eficácia só ocorrerá a partir do momento em que terminarem as férias; b) os feriados contínuos não devem ser considerados férias, com vistas ao art. 220, do CPC; c) terminando as férias em uma sexta-feira, o prazo que faltava para a prática do ato suspenso será reiniciado não no sábado, mas na segunda-feira, ou melhor, no primeiro dia útil que se seguir à sexta-feira; d) o prazo de decadência não se interrompe nem se suspende com o advento das férias forenses; e) o prazo do edital, em si, também não se suspende com as férias; o que se passa é que, com o final das férias, terá início o prazo para a prática do ato processual a que se refere o edital; f) entendia-se que o recesso da Justiça Federal, no período de 20 de dezembro a 6 de janeiro, previsto na Lei n. 5.010, de 30-5-66, art. 62, I, se equiparava às férias forenses, para efeito do art. 179, do CPC.

Nos termos do inciso II, da Súmula n. 262, do TST, o recesso forense e as férias coletivas dos Ministros daquele Tribunal suspendem os prazos recursais.

É proveitoso lembrar que os feriados não suspendem o prazo; o que acontece é que os prazos não se iniciam nem vencem em dias que não sejam úteis (CLT, art. 775, *caput*).

Capítulo III

EXTINÇÃO DO PROCESSO

1. Considerações introdutórias

O escopo do processo é a solução do conflito intersubjetivo de interesses, submetido à apreciação do Poder Judiciário. Assim, quando a sentença julga mérito, podemos dizer que, bem ou mal, o processo atinge a sua finalidade. Contudo, há situações excepcionais (ou anômalas) em que o processo se extingue sem que o mérito da causa tenha sido apreciado; por outro modo de expressão: às vezes, ocorrem certos fatos que impedem a solução da lide, fazendo com que o autor (especialmente, este) não receba a resposta jurisdicional esperada.

No passado, as sentenças que punham fim ao processo, apreciando o mérito, recebiam a denominação de *definitivas*; as que davam fim ao processo, sem apreciar o mérito, eram chamadas de *terminativas*. Essa nomenclatura, embora tenha sido adotada pelo processo do trabalho (CLT, art. 895, "*a*"), foi abandonada pelo CPC, que se refere às sentenças que tenham examinado o mérito e as que não o apreciaram. Para esse efeito, enumerou as causas correspondentes nos arts. 485 e 487. De qualquer modo, é importante destacar que, em decorrência das alterações introduzidas pela Lei n. 11.232/2005, no CPC de 1973 – por força da qual a antiga execução autônoma de título judicial foi deslocada para o processo de conhecimento (arts. 475-I a 475-R) –, o conceito clássico de sentença como o ato pelo qual o juiz punha fim ao processo foi reformulado. Nos termos do art. 162, § 1º, daquele CPC, sentença era o ato do juiz que implicava algumas das situações previstas nos arts. 267 e 269. Essa redefinição de sentença, no plano do processo civil, decorreu do fato de a sentença, emitida no processo cognitivo, não mais dar fim a este processo, que prosseguirá para obter o "cumprimento da sentença". O CPC de 2015 conceitua sentença como o pronunciamento por meio do qual o juiz, com fundamento nos arts. 485 e 487, põe fim à fase cognitiva do procedimento comum, assim como extingue a execução (art. 203, § 1º).

O procedimento do "cumprimento da sentença", consagrado pelo CPC, é inaplicável ao processo do trabalho, porquanto, aqui, continua a existir o tradicional processo de execução (CLT, arts. 876 a 892). Logo, no processo do trabalho a sentença segue sendo conceituada como ato pelo qual o juiz põe fim ao processo (de conhecimento), dando início a outro processo (de execução).

Podemos dizer, em síntese, que o processo do trabalho recepcionou, tacitamente, o conceito de sentença, enunciado pelo art. 162, § 1º, do CPC de 1973.

2. Extinção do processo sem resolução do mérito (CPC, art. 485)

2.1. Indeferimento da petição inicial

a) Inépcia. A petição inicial, para constituir-se num instrumento apto à provocação da atividade jurisdicional do Estado, com vistas à solução do conflito de interesses, deve atender aos requisitos previstos no art. 840, da CLT, quais sejam:

a.a.) juiz ou tribunal a que é dirigida;

a.b.) qualificação das partes;

a.c.) breve exposição dos fatos;

a.d.) o pedido, que deve ser certo, determinado e com indicação do seu valor;

a.e) data e assinatura do autor ou de seu advogado.

Como se percebe, ao contrário do CPC de 2015, o processo do trabalho não exige que da inicial constem:

- o fundamento jurídico dos pedidos;
- o valor da causa;
- as provas com que o autor pretende demonstrar a verdade dos fatos alegados;
- a opção do autor pela realização, ou não, da audiência de conciliação ou de mediação (art. 319, incisos III, V e VII, respectivamente).

Além disso, a petição inicial deverá ser instruída com os documentos indispensáveis à propositura da ação (CLT, art. 787).

A petição inicial será *indeferida* quando:

- for inepta;
- a parte for manifestamente ilegítima;
- o autor carecer de interesse processual;
- não forem atendidas as prescrições dos arts. 106 e 321, do CPC (CPC, art. 330. I a IV, respectivamente).

O CPC de 1973 incluía, ainda, entre as causas de indeferimento da petição inicial, estas: 1) quando o juiz verificasse, desde logo, a decadência ou a prescrição; 2) quando o tipo de procedimento, escolhido pelo autor, não correspondesse à natureza da causa, ou ao valor da ação, hipótese em que o indeferimento somente deveria ocorrer se a inicial pudesse ser adaptada ao procedimento legal.

Por outro lado, será *inepta* a inicial:

• que não possuir causa de pedir ou pedido;

• o pedido for indeterminado, ressalvadas as hipóteses legais em que se permite a formulação de pedido genérico;

• da narração dos fatos não decorrer, de maneira lógica, a conclusão;

• contiver pedidos incompatíveis entre si (CPC, art. 330, § 1º, I a IV).

b) Ilegitimidade de parte. A legitimidade da parte figura como uma das condições da ação (CPC, art. 17). Assim, se for *manifesta* (saltar aos olhos) a ilegitimidade, seja do autor ou do réu, o juiz estará autorizado a indeferir a petição inicial (CPC, art. 330, II), com a consequente extinção do processo sem exame do mérito CPC, art. 485, VI).

c) Falta de interesse processual. Assim como a legitimidade, o *interesse processual* é uma das condições para o exercício do direito constitucional de ação. Esse *interesse* está ligado a uma utilidade e a uma necessidade que o provimento jurisdicional representa para o patrimônio jurídico do autor. O CPC de 1939 impunha que o interesse fosse econômico ou moral. Embora o Código de 1973 aludisse a *interesse*, sem mais nada acrescentar, sabemos que esse interesse devia ser *jurídico*. O art. 17, do CPC de 2015, também faz referência apenas a *interesse*. O interesse poderá limitar-se à declaração de existência, inexistência ou modo de ser de relação jurídica, à falsidade ou autenticidade de documento (CPC, art. 19). A falta de interesse processual conduz à carência da ação e à extinção do processo sem julgamento do mérito.

d) não atendidas as prescrições dos arts. 106 e 321

O art. 106 determina que o advogado, quando postular em causa própria, incumbe:

• Declarar, na petição inicial ou na contestação, o endereço, seu número de inscrição na OAB e o nome da sociedade de advogados da qual faz parte, para o recebimento de intimações;

• Comunicar ao juízo qualquer mudança de endereço (incisos I e II, nessa ordem).

O art. 321 declara que se o juiz verificar que a inicial não cumpre as exigências legais, deverá determinar ao autor que a emende ou a complete, no prazo de quinze dias. Se o autor cumprir o despacho, corrigindo o defeito ou a irregularidade, a inicial tornar-se-á apta; caso contrário, será indeferida, por *inepta* (*ibidem*, parágrafo único, e art. 330, I), com a consequente extinção do processo sem resolução do mérito (CPC, art. 485, I).

2.2. Paralisação por negligência das partes

Quando o processo ficar paralisado por mais de um ano, em razão de negligência partes, o juiz poderá extingui-lo. Na verdade, decorrido mais de um ano da prática do último ato processual, a extinção do processo poderá ocorrer mesmo que não fique demonstrada a negligência dos litigantes e desde que excluídas as causas de força maior. Caberá ao juiz, porém, antes disso, mandar intimar, pessoalmente, as partes, a fim de que promovam, no prazo de cinco dias, o ato processual que lhes incumbe (CPC, art. 485, § 1º) – vindo a extinguir o processo somente se a providência não for tomada pelos litigantes.

A norma legal em estudo, entretanto, oferece algumas dificuldades de ordem prática, no que respeita a saber em que situações exatamente a paralisação do processo, por mais de um ano, em virtude de negligência dos litigantes, ensejaria a extinção deste. A primeira dúvida é quanto à configuração subjetiva dessa negligência, desse descaso processual: o ato, capaz de caracterizar o desleixo, deve decorrer de ambas as partes, ou de uma delas, apenas? Se julgarmos que deva emanar dos litigantes, em conjunto, não será fácil encontrar uma situação concreta, em que isso possa acontecer. Poderíamos pensar na suspensão do processo, que é ato derivante da vontade convergente das partes (CPC, art. 313, II). Sucede, no entanto, que a mencionada suspensão não pode exceder a um ano ou seis meses, conforme seja a hipótese, segundo esclarece o § 4º do art. 313 do CPC; e o que prevê o art. 485, II, é a paralisação do processo por período superior a um ano. Dessa forma, se a suspensão ultrapassar a seis meses ou a um ano, os autos deverão ser conclusos ao juiz, que ordenará o restabelecimento do curso do procedimento (CPC, art. 313, § 5º), não dando margem, assim, à incidência do art. 485, II, do mesmo Código. Se, ao contrário, entendermos que a extinção do processo possa derivar de negligência de uma das partes, seguramente nos submeteríamos ao embaraço de sustentar a possibilidade de o processo ser extinto quando a negligência for do réu. A prevalecer essa opinião, o réu estaria fortemente estimulado a negligenciar em juízo, porquanto esse seu desleixo conviria aos seus interesses como integrante do polo passivo da relação processual. Estaria o réu, em derradeira análise, a beneficiar-se da própria torpeza. Se, finalmente, concluirmos que a inércia capaz de acarretar a extinção do processo deva ser, unicamente, a do autor, estaremos negando a expressão literal do art. 485, II, do CPC, que faz referência às partes; além disso, a atitude desleixada do autor, em particular, é tratada no inc. III do mesmo dispositivo legal, embora se cuide aí de abandono da causa por período superior a trinta dias.

Pondo de lado as eventuais dificuldades de ordem prática quanto à aplicação da regra inscrita no art. 485, II, do estatuto processual civil, devemos afirmar que a paralisação do processo (melhor: do procedimento) por mais de um ano, em virtude de negligência dos litigantes, será causa de sua extinção, sem exame do mérito. Nos casos em que a incúria provenha de ambas as partes, a extinção do processo será determinada pelo juízo competente, por sua iniciativa ou a requerimento do Ministério Público, sempre que isso for possível. Seria insensato imaginar que a extinção pudesse ser solicitada por um dos litigantes desmazelados.

É óbvio que a extinção do processo sem resolução do mérito só faz sentido, de modo geral, quando diga respeito aos processos de conhecimento e cautelar. Não há como extinguir-se o processo de execução (forçada) sem exame do mérito da causa, justamente porque a execução de título judicial (a mais frequente no processo do trabalho) pressupõe o trânsito em julgado (execução definitiva) de um pronunciamento jurisdicional que haja penetrado o mérito da demanda ou, quando menos, que esse pronunciamento penda de recurso dotado de efeito meramente devolutivo (execução provisória).

Feitas essas considerações, voltemos a atenção, novamente, para o inc. II, do art. 485, do CPC, para acrescentar outros escólios, agora conclusivos.

Estatui o § 1º do art. 485 do CPC que, nas hipóteses mencionadas nos incisos II e III, a parte (ou ambas as partes) será intimada, pessoalmente, para suprir a falta no prazo de cinco dias (sob pena de extinção do processo). Sustenta Egas Moniz de Aragão, diante disso, que: a) se a parte mudou de endereço a sua intimação deverá ser efetuada mediante edital: b) de nada valerá a ela demonstrar que a paralisação do procedimento não decorreu de sua negligência, porque a norma legal não prevê, neste caso, a ocorrência do elemento subjetivo, de tal modo que bastará o decurso de mais de um ano para que o processo seja extinto (*Comentários ao código de processo civil*. 1. ed., v. II. Rio de Janeiro: Forense, 1974. p. 420/421).

Discordamos do eminente jurista, em ambas as afirmações. Em primeiro lugar, por entendermos que se a parte mudou de endereço, sem comunicar ao juízo o novo, a intimação não deverá ser feita por edital, mas encaminhada ao endereço constante dos autos. O art. 77, V do CPC, exige que a parte dê ciência do novo endereço ao juízo, sob pena de ser reputada válida (eficaz) a intimação remetida, em carta registrada, ao endereço existente nos autos. Essa regra é profundamente salutar, pois se destina a evitar que o litigante (máxime, o réu) tire proveito do fato de haver mudado de endereço sem cientificar ao juízo. A compatibilidade dessa norma com o processo do trabalho, por isso, é incontestável. Em segundo lugar, por estarmos convencidos de que se a parte demonstrar que a paralisação do procedimento não pode ser imputada à sua presumida negligência, ao juiz caberá — uma vez afastado o motivo determinante da paralisação — fazer com que o curso deste seja restabelecido.

2.3. Abandono da causa, pelo autor

Ao invocar a prestação da tutela jurisdicional, com a finalidade de ver satisfeita uma pretensão vinculada a bens ou a utilidades da vida, ao autor incumbirá praticar uma diversidade de atos tendentes a preparar o provimento jurisdicional de fundo, que acolha *a res in iudicio deducta*. É certo que o réu também deverá praticar atos que sejam úteis ou necessários à sua resistência às pretensões do adversário. O preceito normativo em foco trata, contudo, apenas, do abandono da causa pelo autor.

Como a lei fala em abandono, ressalta, para a configuração desse ato extintivo do processo, a presença do elemento subjetivo, traduzido na intenção (*animus*) de abandonar a causa. Assim, se, apesar de decorridos mais de um mês da data em que o autor deveria praticar determinado ato processual este demonstrar que não teve a intenção de abandonar a causa, o processo não deverá ser extinto. É algo semelhante ao que se passa no terreno da falta grave de abandono de emprego, que não ficará caracterizada se o trabalhador comprovar a ausência de *animus abandonandi*.

Sempre, pois, que o autor deixar de realizar, de maneira injustificada, por período superior a trinta dias, ato ou diligência que lhe competia, estará rendendo ensancha à terminação anormal do processo. Para que a extinção ocorra, torna-se indispensável não só o ânimo de abandonar a causa, mas a intimação do autor para que supra a falta em cinco dias (CPC, art. 485, § 1º).

Como a lei cogita de extinção do processo sem resolução do mérito pode-se construir a regra segundo a qual, apreciado o mérito, fica fora de qualquer possibilidade pensar-se em abandono da causa pelo autor. Essa inferência, embora seja rigorosamente lógica, poderia causar uma certa apreensão no espírito do réu e do próprio magistrado, porquanto a realidade tem demonstrado que o autor, mesmo depois de obter uma sentença de mérito favorável, deixa de praticar ato ou de dar sequência ao procedimento. Essa apreensão, todavia, não é de todo justificável, pois se já houve composição da lide (= julgamento do mérito), preclusa a oportunidade para a impugnação do provimento jurisdicional, o que se tem é o início do processo de execução com sua fase preparatória, qual seja, a liquidação da sentença exequenda. Nesse caso, eventual desinteresse do autor pela causa (= execução), conquanto não autorize a extinção do processo, na forma do art. 485, III, do CPC (ou, mesmo, do inc. II dessa norma) poderá fazer surgir a prescrição intercorrente, que é admissível no processo do trabalho, estando, aliás, insinuada no art. 884, § 1º, da CLT, ao aludir à "prescrição da dívida", como matéria que possa o devedor ventilar em seus embargos à execução. É evidente que não se trata, aqui, de prescrição originária, porquanto esta deve ser alegada no processo cognitivo. Equivocou-se, pois, o TST ao adotar a Súmula n. 114, em sua redação primitiva. O STF não incorreu nesse erro (Súmula n. 327). Posteriormente, o TST alterou a redação da Súmula n. 114, passando a admitir a prescrição intercorrente.

A extinção do processo com fundamento no inciso III do art. 485, porém, pode ser: a) determinada por iniciativa juiz, se o abandono da causa se deu antes da contestação; b) requerida pelo réu, se já oferecida a contestação (§ 6º do art. 485).

É evidente que se o impulso processual cabia ao juiz (CPC, art. 2º), e não ao autor, não se poderá cogitar da extinção do processo, mas de eventual incúria do magistrado, na condução deste.

2.4. Ausência de pressupostos processuais

Os pressupostos mencionados no texto legal compreendem duas classes fundamentais, que se referem: a) à constituição e b) ao desenvolvimento regular da relação jurídica processual. Os pressupostos de constituição abarcam os subjetivos (partes e juiz) e os objetivos (ação ou demanda); os de desenvolvimento, por sua vez, concernem às partes (capacidade de ser parte, capacidade de estar em juízo e capacidade postulatória); ao juiz (jurisdição, competência e imparcialidade) e ao procedimento (inicial apta, citação válida e inexistência de perempção, litispendência, coisa julgada e conexão).

Os pressupostos de desenvolvimento, concernentes ao procedimento, de acordo com a classificação que apresentamos, foram pelo legislador tratados em inciso específico (IV) do art. 485 do CPC.

A falta de qualquer dos pressupostos — aqui enfeixados os de constituição e os de desenvolvimento — acarreta a extinção do processo, sem resolução do mérito, conforme o sistema adotado pelo art. 485, do diploma processual civil, onde está dito que, nesse caso, o juiz não resolverá o mérito.

Lembra Hélio Tornaghi que os pressupostos processuais nada mais são do que relações preliminares, de natureza diversificada (constitucional, administrativa, civil etc.), ou mesmo de caráter processual, necessárias à existência ou à validade da relação processual e pertinentes aos sujeitos ou ao objeto dela, acrescentando: "Em algumas ordenações o exame dos pressupostos é objeto de um processo preliminar, um pré-processo (*Vorverfahren*) que segundo Wach, (*Handbuch*, p. 38) é *Verfahren Éber die Prozessvoraussetungen*, isto é: procedimento sobre os pressupostos processuais. A este procedimento chamam os espanhóis *proceso sobre el proceso*" (*Comentários ao código de processo civil*. 2. ed., v. II. São Paulo: Revista dos Tribunais, 1978. p. 334).

No Brasil, não há, propriamente, um "processo preliminar", devotado ao exame dos pressupostos indispensáveis à constituição e ao desenvolvimento regulares da relação jurídica processual. A apreciação desses pressupostos é feita no curso do próprio processo, algumas vezes antes mesmo da resposta do réu e, outras, após esta ser oferecida. Não deixa de haver, nisso, uma ponta de ilogismo, pois se o juiz declara, digamos, a ausência de um pressuposto necessário à constituição da relação processual, fica difícil entender como pôde dizer, no processo, que não há processo... A não ser que se deva referir ao primeiro como "processo", aspadamente.

Não poderíamos encerrar nosso parecer sobre os pressupostos processuais sem apreciar um assunto que, embora não se inclua nos domínios desses pressupostos, é fronteiriço com eles. Referimo-nos aos regimes litisconsorciais e os requisitos necessários à sua regular constituição,

Não são raros, na prática, os casos em que o juiz tem diante de si as denominadas "reclamatórias plúrimas" — expressão exótica e destituída de qualquer significado verdadeiramente jurídico, criada por uma jurisprudência despreocupada com os escrúpulos científicos e iludida pela ideia de que a autonomia enciclopédica do processo do trabalho se resume a uma questão terminológica.

O que se dá, em rigor, em situações como a mencionada, é a formação de um regime litisconsorcial, que pode ser ativo (vários autores), passivo (vários réus) ou misto (vários autores e vários réus), cuja instituição, pelos sistemas normativos, se funda em motivos de índole pragmática, pois o fato de as partes se consorciarem na lide permite, a um só tempo, obter uma economia de atos processuais e evitar pronunciamentos jurisdicionais eventualmente contrastantes, acerca de um mesmo assunto. É verdade que esses motivos só se justificam com relação ao litisconsórcio *simples*, uma vez que no caso do *unitário* o provimento jurisdicional, por definição, deve ser sempre uniforme para todos os compartes.

O que nos leva a falar sobre os regimes litisconsorciais, contudo, não é a preocupação de explicar em que consistem ou qual a razão de ser de cada um e, sim, a necessidade de denunciar a formação absolutamente irregular de regimes dessa natureza, na prática, que tantos transtornos acabam por acarretar ao procedimento.

Com vistas a essa crítica, ocupemo-nos, somente, do litisconsórcio facultativo simples, porquanto essa modalidade tem sido a principal responsável pelos tumultos do procedimento, há pouco mencionados.

Para que se constitua, regularmente, um regime litisconsorcial dessa natureza, é imprescindível que a causa de pedir e os correspondentes pedidos sejam os mesmos ("entre as causas houver conexão pelo pedido ou causa de pedir" — CPC, art. 113, II), de tal maneira que, por economia processual, uma só sentença possa solucionar diversas lides homogêneas, aglutinadas num mesmo processo. Em termos lacônicos, aliás, o litisconsórcio pode ser definido como a acumulação de várias ações num só processo.

O que se tem presenciado, entrementes, no cotidiano forense, é a formação completamente irregular (= arbitrária) de regimes litisconsorciais, em que não há coincidência de causas de pedir nem de pedidos (ativo) ou inexiste qualquer relação jurídica entre os diversos réus (passivo). A consequência, como já antecipamos, tem sido a instauração de um tumulto do procedimento, que dificulta a defesa, convulsiona a instrução, torna complexa a entrega da prestação jurisdicional e embaraça, sobremaneira, o exame dos recursos. Não há negar que os advogados têm sido responsáveis, em grande parte, por essas situações tumultuárias, ao encambulharem, num mesmo processo, ações e pretensões distintas. É preciso dizer, todavia, que os juízes também possuem considerável parcela de responsabilidade pela existência e sobrevivência desses "litisconsórcios tumultuantes", na medida que, com um pouco de cuidado e de conhecimento processual, poderiam dar-lhes cobro logo no nascedouro.

Essa assertiva nos coloca diante da razão especial que nos levou a falar do assunto nestas páginas que versam sobre os pressupostos de constituição e de desenvolvimento regulares da relação jurídica processual. Ao tempo em que exercíamos a magistratura em primeiro grau de jurisdição adotamos diversas práticas que, sem contrariar a lei, visavam a permitir que o procedimento fluísse com naturalidade até a sentença de mérito. Esse "fluir com naturalidade" significava evitar a instauração de incidentes ou de desvios do *due process of law* e exigia um permanente e imediato controle dos atos realizados pelas partes, ou que elas desejavam realizar. Entre as práticas que instituímos incluía-se a de fazer com que toda petição inicial que contivesse mais de um autor, ou mais de um réu, fosse, antes da citação, submetida à nossa apreciação. Com isso, podíamos verificar se, em cada caso concreto, se justificava a constituição do regime litisconsorcial. Se nos convencêssemos que sim, liberávamos a petição inicial e sua cópia, com vistas à citação; caso contrário, caracterizada a ausência dos pressupostos legais necessários à formação do regime litisconsorcial (identidade de causa de pedir e de pedidos), indeferíamos, por sentença, a petição inicial, declarando extinto o processo sem resolução do mérito. Na espécie, não se concedia ao autor a oportunidade prevista no art. 321 do CPC, porque não se tratava aí de defeito ou irregularidade da petição inicial, mas de falta de pressuposto legal indispensável para a constituição regular do regime litisconsorcial. Ao autor ficava reservada, como é óbvio, a faculdade de impugnar a sentença "terminativa", mediante recurso ordinário.

A consequência prática desse controle prévio pode ser mensurada por meio de dados estatísticos: até onde nos lembramos, nenhum litisconsórcio, por tal forma "depurado", acarretou algum tipo de tumulto do procedimento, em quaisquer de suas fases. Esse mesmo controle era realizado, enfim, para verificar a regularidade da formação de qualquer espécie de regime litisconsorcial.

O § 1º do art. 113 do CPC, permite ao juiz limitar o litisconsórcio *facultativo* quando o número de litigantes puder comprometer a rápida solução do conflito, dificultar a defesa ou o cumprimento da sentença. O pedido de limitação interrompe o prazo para a resposta do réu, que recomeça da intimação da decisão sobre o tema. Tratando-se de regime litisconsorcial irregularmente constituído, a parte contrária poderia adotar duas atitudes, em ordem sucessiva: a) primeiramente, requerer a extinção do processo, sem resolução da lide, em decorrência da irregularidade do regime litisconsorcial; b) segundamente, em ordem subsidiária (CPC, art. 326), requerer a redução do número de litisconsortes, ao argumento de que o número atual dificulta a elaboração da defesa (CPC, art. 113, § 1º) — ou melhor, o exercício do direito constitucional de ampla defesa (CF, art. 5º, LV).

2.5. Existência de perempção, litispendência ou coisa julgada

Trata-se, aqui, de pressupostos *negativos*, porque se diz que o desenvolvimento regular da relação processual só poderá ocorrer se *não existir* perempção, litispendência ou coisa julgada; havendo, e sendo reconhecida qualquer uma delas pelo juiz, o processo será extinto sem resolução do mérito.

Perempção. É a perda momentânea do exercício de um direito. Casos típicos de perempção, no processo do trabalho, são os referidos nos arts. 731 e 732, da CLT. Este último estabelece, em particular, que se o autor der causa a duas extinções consecutivas do processo (sem julgamento do mérito), em virtude de sua ausência injustificada à audiência (denominada, pela praxe forense, de "inicial"), "incorrerá na pena de perda, pelo prazo de seis meses, do direito de reclamar perante a Justiça do Trabalho". O processo civil de 1973 era dotado de norma assemelhada, mas com efeito mais contundente, como evidenciava o seu art. 268, parágrafo único, por força do qual a extinção do processo, por três vezes, em decorrência de abandono da causa, impediria o autor de intentar a ação, novamente, perante o mesmo réu, ficando-lhe assegurada, porém, a faculdade de alegar o seu direito (material) em defesa.

O CPC atual reproduziu a regra no art. 486, § 3º. A norma, todavia, possui expressivos traços de inconstitucionalidade. Justifiquemo-nos.

Embora tenhamos dito que a perempção se trata de matéria de defesa, estamos convencidos de que as disposições contidas na CLT estão em antagonismo com o art. 5º, inciso XXXVI, da Constituição Federal em vigor, que proíbe a exclusão, do conhecimento jurisdicional, de qualquer lesão de direito ou ameaça de lesão. Sob esse prisma, estamos em boa sombra para julgar que os arts. 731 e 732, da CLT, foram revogados pelo art. 141, § 4º, da Constituição Federal de 1946 — que, aliás, "redemocratizou" o País, livrando-o do período ditatorial que marcou a vigência da Carta outorgada em 1937. Houve, no caso, revogação, porque o texto constitucional referido foi editado posteriormente aos arts. 731 e 732, da CLT. Se a cronologia fosse inversa, o que teríamos seria a inconstitucionalidade desses artigos da CLT. Há, por isso, inconstitucionalidade do § 3º do art. 486 do atual CPC.

O fato de o autor poder alegar em defesa o seu direito (CPC, art. 486, § 3º), não elimina o contraste dos arts. 731 e 732, da CLT, e do próprio art. 486, § 3º, do CPC, com a Constituição da República, até porque se não houver ação em que o outrora autor figure como réu ele não poderá alegar, em defesa, o seu direito.

Litispendência. Caracteriza-se com a repetição de ação que está em curso (CPC, art. 337, § 3º). Uma ação é idêntica à outra quando possuem as mesmas partes, a mesma causa de pedir e os mesmos pedidos (*ibidem*, § 2º).

Coisa julgada. Configura-se quando se repete ação já decidida por sentença transitada em julgado (CPC, art. 337, § 4º).

Uma nótula complementar: a norma em exame alude ao fato de o juiz *reconhecer a existência* de perempção, litispendência ou coisa julgada. Esse reconhecimento prescinde de provocação da parte, pois o juiz pode conhecer, *ex officio*, dessas matérias (art. 485, § 3º).

2.6. Ausência de legitimidade ou de interesse processual

As condições da ação, segundo a doutrina de Enrico Tullio Liebman, que foi incorporada ao CPC brasileiro atual (arts. 3º e 267, VI), compreendem: a) a possibilidade jurídica; b) a legitimidade das partes; c) o interesse de agir (ou melhor: interesse processual). Ausente uma dessas condições, o autor será declarado carecedor (ou carecente) da ação. Pessoalmente, cremos que a possibilidade jurídica do pedido, entendida como um veto existente no ordenamento legal a determinada postulação em juízo, quando declarada, implica a extinção do processo *com* exame do mérito, de maneira a impedir que o autor intente, outra vez, a ação. Com efeito, se a impossibilidade jurídica do pedido consiste na presença de um veto na ordem legal, não se pode admitir a possibilidade de o autor renovar a ação, estando, ainda, em pleno vigor esse veto. O próprio Liebman, aliás, reformulou em parte a sua doutrina das condições da ação, dela excluindo a possibilidade jurídica do pedido, como se lê em seu "*Manualle di Diritto Processuale Civile*", 3.ª ed., Milano, Ed. Giuffrè: vol. I, 1973, pág. 120.: "Le condizione dell azione (...) sono i *interesse ad agire* e la *leggitimazione*. Esse sono (...) *i requisiti di esistenza dell azione, e vanno percio accertate in giudizio (anche se, di solito, per implicito), preliminarmente all esame del merito*" (destacamos).

As condições para o exercício da ação são, portanto: a) a legitimidade; b) o interesse processual (CPC, art. 17).

Essas condições devem estar presentes no momento em que a sentença for proferida e não, necessariamente, no momento em que o autor ingressar em juízo. Assim, se essas condições existiam ao tempo do ingresso em juízo, mas deixaram de existir quando do proferimento da sentença, o autor deverá ser declarado carecedor da ação; se, ao contrário, essas condições não existiam quando do exercício da ação, mas surgiram no curso do processo, o juiz não deverá declarar a carência, senão que proferir a sentença de mérito.

2.7. Convenção de arbitragem

O texto anterior aludia ao "compromisso arbitral". O atual foi imposto pela Lei n. 9.307, de 24-9-96, que dispôs sobre a arbitragem. Se as partes renunciaram à jurisdição, para submeter o conflito de interesses à intervenção de um árbitro, não se justifica o fato de o autor ingressar em juízo para tentar obter uma solução estatal da lide. Se o fizer, caberá ao réu alegar, na contestação, como preliminar (CPC, art. 301, IX), a existência de convenção arbitral, a fim de que o juiz extinga o processo sem julgamento do mérito.

O que o autor poderá pedir em juízo é a decretação de nulidade da *sentença arbitral* (Lei n. 9.307/96, art. 33) – hipótese em que, à evidência, não se aplicará o disposto no art. 485, VII, do CPC.

No mais, é oportuno ressaltar que a sentença arbitral produz entre as partes o mesmo efeito da sentença emitida pelos órgãos jurisdicionais e, sendo condenatória, constitui título executivo (Lei n. 9.307/96, art. 31).

No processo do trabalho, a arbitragem nos denominados "dissídios coletivos" tem previsão constitucional (Constituição Federal, art. 114, § 1º). No plano dos conflitos individuais está prevista no art. 507-A, da CLT. Neste caso, a arbitragem somente será admitida nos contratos de trabalho cuja remuneração mensal seja superior a duas vezes o limite máximo estabelecido para os benefícios do Regime Geral da Previdência Social (*ibidem*).

A arbitragem traduz uma renúncia à jurisdição.

2.8. Desistência da ação

No sistema do processo civil, decorrido o prazo para a resposta do réu, somente com a concordância deste o autor poderá desistir da ação (CPC, art. 485, § 4º). Esse preceito não incide no trabalho, valendo destacar o fato de que, aqui, a resposta, como regra, não é oferecida em prazo preestabelecido, como se dá no processo civil (CPC, art. 335), mas, em audiência (CLT, art. 847). Desse modo, enquanto a resposta do réu não for apresentada o autor poderá desistir da ação, mesmo em audiência, sem que, para isso, haja necessidade de ser consultado o seu adversário.

Há casos em que, no processo do trabalho, excepcionalmente, a contestação é apresentada fora da audiência, como se dá em relação às ações cautelares, às ações civis públicas e ao processo eletrônico. Nessas situações pode-se aplicar, à risca, a norma do art. 485, § 4º, do CPC.

Oferecida a contestação, a desistência só será possível se com ela concordar o réu; pode-se dizer, por isso, que o oferecimento da contestação confere a este o direito de obter um pronunciamento jurisdicional sobre o mérito, ainda que possa ser desfavorável aos seus interesses externados na causa. Apesar disso, entendemos que eventual oposição do réu à desistência deverá ser *motivada*, pois o simples fato de alegar um direito de ver apreciado o mérito da causa, por si só, não é bastante para justificar a sua objeção à desistência da ação.

Se, a despeito da oposição do réu, o órgão jurisdicional homologar a desistência da ação, esse ato não ensejará a impetração de mandado de segurança (o réu poderia tentar argumentar com a existência de direito líquido e certo de não ver homologada a desistência), nem o uso da canhestra figura da correição parcial (pois não teria havido aí nenhum ato tumultuário do procedimento), conquanto possa ser impugnado por meio de recurso ordinário, por tratar-se de sentença; logo, de ato que deu fim ao processo, embora sem exame do mérito.

Se o autor requer a desistência da ação por haver, digamos, transacionado, há, nisso, erro de tipificação jurídica, devendo o juízo, se comprovada a transação, e convencendo-se de que ela foi regular, pôr fim ao processo com resolução do mérito (CPC, art. 487, III, "*b*"). A desistência da ação, na espécie, é apenas aparente, agindo como uma espécie de *Fata Morgana* das lendas bretãs, que tinha o poder de deformar as imagens formadas na superfície dos lagos.

Tratando-se de litisconsórcio ativo e facultativo, qualquer de seus integrantes poderá desistir da ação — observada a norma do art. 485, § 4º, do CPC —, porquanto a hipótese estará regida pelo art. 117 do mesmo Código, conforme a qual os litisconsortes serão considerados, em suas relações com o adversário, como litigantes distintos, de tal sorte que os atos e as omissões de um não prejudicarão os outros. Essa regra só incide no litisconsórcio *simples*, e não no *necessário/unitário*, pois aqui há necessidade de que integrem a relação processual todas as pessoas ligadas ao réu pela mesma relação jurídica, e que a decisão seja uniforme para todos.

Para que o processo se extinga há necessidade de a desistência da ação ser homologada por sentença (CPC, art. 316).

Duas notas complementares: a) entendemos que, no caso de revelia, não haverá necessidade de obter-se a concordância do réu, no tocante à desistência da ação, pois isto convém aos intereses do réu; b) a *desistência* não se confunde com a *renúncia* sobre o direito em que se funda o pedido. Esta última acarreta a extinção do processo *com* exame do mérito (CPC, art. 269, V), conforme se demonstrará, mais adiante.

2.9. Ação intransmissível

Em rigor, o que causará a extinção do processo – em caso de morte da parte, a ação for considerada intransmissível por disposição legal – será a intransmissibilidade *do direito material*, não da ação. Desta maneira, se o direito for intransmissível, o falecimento da parte fará com que a ação seja extinta. Não ocorre aqui a sucessão, de fato ou de direito, por tratar-se de direito personalíssimo. Sem que as partes originárias permaneçam vinculadas à relação processual, não será possível a emissão da sentença de mérito. Isso se verifica, por exemplo, nas ações de divórcio, de alimentos, de prestação de contas, de investigação da paternidade, de interdição (falecendo o interditando), etc.

A ação de mandado de segurança (Lei n. 12.016/2009), por exemplo, tem caráter personalíssimo, motivo pelo qual não é transmissível a quem quer que seja: falecendo o impetrante, extingue-se, *ipso facto*, o processo.

Quando o direito de ação *for transmissível*, o espólio será representado pelo inventariante (CPC, art. 75, VII), ou por quem tiver sido declarado beneficiário perante a Previdência Social (Lei n. 6.858, de 24.11.1980)

Nesses casos, a lei permite a *suspensão* (não extinção) do processo (art. 313, I e § 1º) para efeito de regularização da representação processual.

2.10. Nos demais casos

Preocupou-se o legislador, nesse ponto, em deixar claro que o rol de causas de extinção do processo sem resolução do mérito (incisos I a X do art. 485 do CPC) não é exaustivo.

Entendemos, no entanto, que os "demais casos", a que se refere o inciso X do art. 485, não devem ser limitados àqueles previstos em outras partes do Código, sendo indispensável que se incluam, igualmente, todos os outros, contidos em leis avulsas ou trazidos pela realidade. Assim sustentamos porque a realizada da vida forense — esse laboratório notável —, em decorrência de sua dinâmica, é muito mais rica e expressiva do que possa imaginar o legislador em seu "engenho e arte".

Um exemplo está no art. 76, § 1º, I, do CPC: se o autor não suprir a sua incapacidade processual ou a irregularidade da representação, no prazo fixado pelo juiz, este decretará o fim do processo, sem resolução do mérito.

O art. 313, § 3º, do CPC, espelha um outro motivo de extinção do processo sem pronunciamento acerca do mérito: deixar, o autor, de nomear novo advogado, em substituição ao que faleceu no curso da demanda.

O CPC atual eliminou a ocorrência de "confusão entre autor e réu", mencionada no inciso X do art. 267 do CPC revogado, como causa para a extinção do processo sem julgamento do mérito.

Consequência da extinção do processo sem resolução do mérito.

Por princípio, a extinção do processo sem julgamento da lide permitirá ao autor intentar, outra vez, a ação, segundo lhe faculta o art. 486, do CPC, desde que faça prova do pagamento ou do depósito das custas e dos honorários de advogado, atinentes ao processo anterior, extinto. A sentença, no caso, não produz coisa julgada *material,* mas, apenas, coisa julgada *formal,* impedindo, com isso, que as partes voltem a discutir a causa, no mesmo processo. Essa é a propósito, a grande diferença quanto aos casos de extinção do processo *com* resolução do mérito (CPC, art. 487), hipóteses em que o autor não poderá exercer, novamente, a ação. Ver "Comentários".

Dedicamo-nos, até esta altura, a discorrer sobre as causas, legalmente previstas, de extinção do processo sem resolução do mérito. Causas que, como demonstrado, em que pese ao fato de estarem concentradas no art. 485 (incisos I a IX), do CPC, podem ser encontradas em outros pontos do Código (inciso X) ou, até mesmo, provir da realidade forense.

Entre as razões pelas quais o legislador separou os casos de extinção do processo sem resolução do mérito daqueles em que, ao contrário, essa extinção se dá mediante repercussão no direito material disputado (*res in iudicio deducta*), podemos apontar, basicamente, duas: a) permitir que somente possam ser objeto de ação rescisória as sentenças que hajam ingressado no mérito da causa (CPC, art. 966, *caput*), embora tenhamos uma certa restrição quanto a esse critério legal; b) facultar o ajuizamento, outra vez, da ação, quando o processo tenha sido extinto sem pronúncia a respeito do mérito (CPC, art. 486).

Interessa-nos, apenas, a segunda razão. Diante dela, por isso, devemos nos deter por alguns momentos.

A extinção do processo sem resolução do mérito, em princípio, não impede que o autor promova a ação, novamente, pois as pretensões de direito material, deduzidas na anterior, não foram afetadas pela sentença extintiva daquele processo.

Pessoalmente, consideramos que as exceções devam ser mais amplas do que as destacadas pelo legislador. Se o autor foi declarado carecedor da ação por ser o réu parte ilegítima, não vemos como se possa admitir que retorne com a ação em face do mesmo réu. O mesmo se diga na hipótese de o processo haver sido extinto por ilegitimidade do próprio autor: como permitir-se que ele, subsistente a ilegitimidade, ponha em juízo a mesma ação? Ainda: se a falta de interesse processual perdura, que razão jurídica poderá ser invocada para justificar, a impetração, novamente, da tutela jurisdicional do Estado por parte daquele que não atende a essa imprescindível condição para o exercício da ação?

O que pretendemos demonstrar; enfim, com essas observações, é o fato de as situações obstativas de novo ajuizamento da demanda serem doutrinariamente mais amplas do que as mencionadas no art. 486 do CPC, motivo por que os juízes deverão, em nome da supremacia da ciência jurídica, curvar-se à lucidez da doutrina e não ao estrabismo da lei.

Nos casos de litispendência e dos incisos I (indeferimento da petição inicial), IV (ausência de pressuposto de constituição e de desenvolvimento válido e regular do processo), VI (ausência de legitimidade ou de interesse processual) e VII (convenção de arbitragem ou reconhecimento da competência pelo juízo arbitral) do art. 485, o ajuizamento de nova ação depende da correção do vício que ocasionou a extinção do processo sem resolução do mérito (art. 486, § 1º).

Um esclarecimento: se a extinção do processo se deu em decorrência de a sentença haver declarado a inexistência de legitimidade (ativa ou passiva), mas o autor prosseguir entendendo que ele ou o réu possuem legitimidade para a causa, não se cogitará de "correção do erro", e sim de interposição de recurso ordinário, pois de nada adiantaria ao autor promover, outra vez, a ação em face do mesmo réu: o processo seria extinto, novamente, sem resolução do mérito.

Se a extinção do processo sem resolução do mérito teve como fundamento a inexistência de interesse processual, a "correção do vício" a que se refere o dispositivo legal em exame significa que, quando do novo ajuizamento da ação, o interesse processual deverá estar presente.

Desse modo, proferida a sentença sem pronunciamento sobre o mérito, o autor deverá adotar uma destas duas atitudes: a) interpor recurso ordinário (CLT, art. 895, I), requerendo, inclusive, que o magistrado se retrate, no prazo de cinco dias (CPC, art. 485, § 7º); ou b) providenciar, por sua iniciativa, que quando do seu reingresso em juízo tenham desaparecido as causas que motivaram o juiz a extinguir o processo anterior sem pronunciamento sobre o mérito.

O disposto no § 2º, do art. 486, do CPC, não incide no processo do trabalho; primeiro, porque, aqui, se as custas não forem pagas serão executadas na forma do disposto no art. 790, § 2º, da CLT; segundo, porque os honorários devidos ao advogado também poderão ser executados, sem prejuízo de o autor poder ajuizar, outra vez, a ação.

Na verdade, entendemos ser inconstitucional a regra do § 2º do art. 486 do CPC, ao condicionar o novo exercício da ação ao pagamento das custas processuais e dos honorários de advogado. É bem verdade que a norma não está a aludir, de maneira expressa, ao exercício da ação, e sim ao despacho da petição inicial que ordenar a citação do réu. Ora, se o juiz recusar-se a exarar despacho na inicial, para essa finalidade, é evidente que o direito de ação estará sendo coarctado, por forma a configurar transgressão ao art. 5º, inciso XXXV, da Constituição Federal.

Não é justificável, em um Estado Democrático de Direito (CF, art. 1º), que se sobreponha o interesse do beneficiário das custas e dos honorários advocatícios à necessidade de alguém invocar a prestação da tutela jurisdicional do Estado com o objetivo de evitar a lesão do direito ou de reparar o direito lesado.

Por outro lado, nos termos do § 3º, do art. 486, do CPC, se o autor der causa, por três vezes, à sentença fundada em abandono da causa estará impedido de ingressar com nova ação, em face do mesmo réu. A lei, todavia, assegura-lhe a possibilidade de alegar em defesa o seu direito.

A primeira indagação a formular-se é se essa norma se aplica ao processo do trabalho.

A CLT contém disposição segundo a qual se o trabalhador der causa à extinção do processo em virtude de não comparecer, por duas vezes consecutivas, à audiência (inicial) perderá o direito de promover ação, na Justiça do Trabalho, pelo prazo de seis meses (art. 732). Essa norma, embora contraste com a Constituição da República, não é inconstitucional, o que não significa dizer que possa ser aplicada aos casos concretos, na atualidade. A razão é elementar: como a CLT entrou a viger em 10 de novembro de 1943 (art. 911), o seu malsinado art. 732 acabou sendo tacitamente *revogado* pelo art. 141, § 4º, da Constituição Federal de 1946, que assegurava o exercício do direito de ação nos casos de lesão de direito, sem estabelecer qualquer veto ou restrição ao exercício desse relevante direito para a vida das pessoas e para a sobrevivência das instituições. Revogado, pela via tácita, em 1946, o art. 732 da CLT ainda assim se encontra nos dias da atualidade —

conquanto muitos "operadores do direito" não se tenham dado conta disso. O mesmo devemos afirmar em relação ao art. 731, da CLT.

Voltemos a atenção para o art. 486, § 3º, do CPC, para dizer que ele se encontra, em nosso ver, em manifesto antagonismo com o art. 5º, XXXV, da Constituição Federal, que assegura o exercício da ação nas situações de ameaça de lesão de direito ou de violação de direito. Em que pese ao fato de norma idêntica também estar contida no CPC de 1973 (art. 268, parágrafo único), cotejando-se o § 3º do art. 486 do CPC de 2015 com o art. 5º, XXXV, da Constituição da República, o contraste que daí decorre está a indicar a agressão pela norma infraconstitucional à Suprema Carta Política de nosso País. Neste caso, como a norma transgressora da Constituição é posterior a esta, o fenômeno jurídico que daí emana é o da *inconstitucionalidade* daquela.

A atuação do juiz.

Para que o órgão jurisdicional realize a solução do conflito de interesses, mediante a emissão de um provimento de mérito, é necessário, como vimos, que estejam presentes os pressupostos de constituição e de desenvolvimento regulares da relação jurídica processual, assim como as condições da ação. No processo civil, o exame desses requisitos é realizado na fase de saneamento e de organização do processo (CPC, art. 357). Neste momento, o juiz deverá munir-se de especial bom senso, de maneira a tentar evitar, o quanto possível, que o processo se extinga sem solução da lide, porquanto essa extinção acarretará uma perda de tempo para todos e de dinheiro (pagamento de despesas processuais) para os litigantes.

É evidente que o juiz não poderá, nesse mister de tentar salvar o processo, e em nome do interesse dos litigantes, deitar por terra determinadas normas de ordem pública. O que estamos a dizer é que deverá, sempre que for possível, empenhar-se em fazer com que a falta seja suprida, ou a irregularidade sanada, a fim de salvar o processo e, com isso, conduzi-lo em direção à sentença de mérito. O art. 282, § 2º , do mesmo Código dispõe, por outro lado, que "Quando puder decidir do mérito a favor da parte a quem aproveite a decretação da nulidade, o juiz não a pronunciará nem mandará repetir o ato, ou suprir-lhe a falta": aí está princípio da *proteção.*

3. Extinção do processo com resolução do mérito (CPC, art. 487)

3.1. Acolhimento ou rejeição do pedido

De modo geral, o autor ingressa em juízo formulando pretensões ligadas a bens ou a utilidades da vida. Sob esse aspecto, devemos reiterar a observação, feita algures, de que a petição inicial representa uma espécie de projeto da sentença que ele visa a obter.

Formou-se, contudo, no âmbito de nossa doutrina, a tradição de utilizar-se os adjetivos "procedente" e "improcedente" para traduzir o resultado da entrega da prestação jurisdicional. Assim, costuma-se falar em "procedência"ou "improcedência" da ação. Ora, o equívoco, quanto a isso, é manifesto. O verbo *proceder* significa ir adiante, seguir; e, também, *vir*. Como se poderia julgar uma *ação* "improcedente", após constatar-se, digamos, que o autor não possuía o direito material alegado? Se a ação não "procedeu", como se pôde examinar o mérito? Não podemos confundir a *ação*, como direito público subjetivo à prestação jurisdicional, ou as *condições* legalmente estabelecidas para o seu regular exercício, com o exame do *mérito*. Destarte, presentes essas *condições*, a ação será "procedente", ainda que o mérito seja resolvido de maneira desfavorável ao autor. Construções como "procedência do pedido" igualmente devem ser evitadas, por serem inadequadas, sob a óptica do rigor que se exige da linguagem forense. Afinal, como dissemos, o verbo *proceder* sugere a ideia de *vir de algum lugar*. Sendo assim, de certa forma, *tudo provém*, porque tudo tem uma origem.

Em suma: os pedidos formulados pelas partes, tanto na ação quanto na reconvenção, são *acolhidos* ou *rejeitados*. Foi esta a correta terminologia utilizada pelo legislador, ao redigir os arts. 487, I, e 490, do CPC, dispondo este último, *verbis*: "O juiz resolverá o mérito acolhendo ou rejeitando, no todo ou em parte, os pedidos formulados pelas partes", malgrado, em outros pontos, haja cometido o deslize de aludir a "procedência" ou "improcedência", como no caso do art. 487, III, "*a*".

Posta à margem essa questão vocabular, devemos dizer que, no sistema do processo do trabalho, quando a sentença acolher ou rejeitar os pedidos efetuados pelo autor estará, nos termos do art. 487, I, do CPC, dando fim ao processo mediante exame do mérito. É conveniente elucidar que o processo que estará se findando, nesse momento, é o de *conhecimento*. Aliás, a sentença de mérito, na verdade, não extingue automaticamente o processo, senão que está dotada de aptidão para extingui-lo. Assim afirmamos, porque se houver interposição de recurso (apelação) o processo de conhecimento prosseguirá, vindo a encerrar-se somente mais tarde, com o proferimento da última decisão de mérito (acórdão). Pode-se afirmar, por isso, que a sentença pendente de recurso traduz ato jurídico sujeito a condição suspensiva (CC, art. 125).

No processo civil, contudo, a sentença já não extingue o processo de conhecimento, porquanto este prosseguirá para o "cumprimento" da sentença (CPC, arts. 513 a 538).

No mais, é oportuno lembrar que a sentença *de mérito*, de que fala o CPC atual, corresponde à sentença *definitiva,* referida nas legislações anteriores.

3.2. Decidir sobre a ocorrência de decadência ou prescrição

A norma está a demonstrar que o juiz pode conhecer, por sua iniciativa ou a requerimento do interessado, da decadência e da prescrição. No processo do trabalho, nunca houve controvérsia quanto à possibilidade de o juiz pronunciar-se *ex officio* a respeito da decadência; lavrou-se a dissenção, porém, a partir do momento em que se alterou a redação do art. 219, § 5º, do CPC de 1973, para permitir ao juiz conhecer, de ofício, da prescrição e decretá-la de imediato, se não se tratasse de direito patrimonial. A cinca voltou a reacender-se, no processo do trabalho, com a redação dada ao art. 487, I, do CPC de 2015. Essa controvérsia, entretanto, teve vida efêmera, pois a Lei n. 13.467/2017 inseriu na CLT o art. 11-A, cujo § 2º dispõe: "A declaração de prescrição intercorrente pode ser requerida ou *declarada de ofício* em qualquer grau de jurisdição" (destacamos).

Se a norma legal autoriza o juiz a pronunciar, *ex officio*, a prescrição intercorrente, não há razão jurídica para vedar-lhe a possibilidade de pronunciar, também por sua iniciativa, a prescrição ordinária.

A doutrina ainda não conseguiu estabelecer, de maneira satisfatória e definitiva, uma separação nítida entre os fenômenos da *decadência* e da *prescrição*. A síntese a que se chegou, consubstanciada na regra de que a prescrição atinge a ação, extinguindo-a, e a decadência, o direito, fulminando-o, embora venha sendo utilizada como diretriz para solucionar os casos concretos, está longe de representar um método verdadeiramente científico e definitivo de delimitação das duas espécies.

O que podemos acrescentar, como contributo a essa tarefa de separação, é que:

a) o curso da prescrição pode ser interrompido ou suspenso (CC, arts. 202 a 204); o da decadência, não;

b) a prescrição alcança direitos patrimoniais e inalienáveis, o que não ocorre com a decadência;

c) a prescrição flui contra pessoas certas e determinadas; a decadência corre contra todas;

d) a prescrição não pode ser objeto de renúncia senão depois de consumada; o prazo decadencial pode ser reduzido, ou não, antes do seu esgotamento, conforme seja a hipótese, inexistindo possibilidade de renúncia após a sua exaustão;

e) a prescrição decorre de lei; a decadência pode originar-se de uma ordem judicial ou de ato jurídico;

f) a prescrição deve ser alegada como matéria de defesa; a decadência pode dar lugar à ação;

g) na prescrição há um único sujeito de direito; na decadência há dois: um, que é titular de direito permanente, e, outro, que o é de um direito efêmero.

Resumindo: *decadência* é a extinção do direito, que, por força de norma legal ou de disposição contratual, surgiu com prazo certo de eficácia. A decadência, portanto, não diz respeito ao direito subjetivo (ação), mas ao próprio direito material.

São suas características:

a) decorrer da lei ou do contrato;

b) envolver direito potestativo;

c) não haver lesão de direito;

d) ser irrenunciável;

e) extinguir o processo com exame do mérito (CPC, art. 487, II);

f) estar ligada a prazo fatal, que não pode ser suspenso ou interrompido;

g) ser pronunciada *ex officio* (CC, art. 210; CPC, art. 487, I).

Prescrição é a perda da ação atribuída a um direito subjetivo, em virtude do seu não-exercício no prazo previsto em lei. Aqui, a inércia da pessoa faz com que ela perca a possibilidade de exercer o seu direito subjetivo.

São suas *características*:

a) decorrer de lei;

b) envolver direito subjetivo e o correspondente dever jurídico;

c) haver lesão de direito;

d) ser renunciável (Cód. Civil, art. 191);

e) deve ser declarada *ex officio*, pelo juiz (CPC, art. 487, I);

f) extinguir o processo com exame do mérito (CPC, art. 487, I);

g) o prazo pode ser suspenso (Cód. Civil, arts. 197 a 201) ou interrompido (Cód. Civil, arts. 202 a 204).

Um dos traços *comuns* entre a decadência e a prescrição está em que ambas estão ligadas ao *tempo*, pois o decurso deste prejudicará o ato.

Repitamos: o critério consagrado para estabelecer, sob o ângulo pragmático, um divisor de águas entre a prescrição extintiva e a decadência é o que liga aquela ao direito de ação, e, esta, ao direito material, embora, como alertamos, esse critério não seja satisfatório para explicar, de maneira científica, a natureza íntima de uma e de outra.

Colocando de lado essas dificuldades doutrinais, resta, no plano normativo, a certeza de que a pronúncia jurisdicional de prescrição liberatória ou de decadência implica a extinção do processo com resolução do mérito. Essas matérias, a propósito, costumam ser alegadas, na contestação, sob o título de *prejudiciais de mérito*.

A decadência e a prescrição não foram inseridas no rol do art. 337 do CPC em virtude de não constituírem, tecnicamente, *preliminar*. Por outro lado, também não se traduzem no mérito da causa, por não serem expressão do direito postulado em juízo. Por esse motivo, a decadência e a prescrição costumam ser alegadas na contestação sob o título de *prejudiciais do mérito*. Note-se: conquanto uma e outra, conforme dissemos, não constituam o mérito da causa, a *res in iudicio deducta*, o legislador, por uma regra de ordem prática, as inseriu no elenco das causas determinantes da extinção do processo mediante exame do mérito (CPC, art. 487, II). Aludimos a uma regra de ordem prática porque a distinção básica que há entre os arts. 485 e 487 do CPC é que, no primeiro, como se dá a extinção do processo sem resolução do mérito (embora nem sempre haja a extinção do processo), o autor pode exercer, novamente, a ação (art. 486), ao passo que, no segundo, esse exercício é vedado.

3.3. Homologar:

3.3.1. O reconhecimento da procedência do pedido formulado na ação ou na reconvenção

Mal acabamos de criticar as expressões "julgar *procedente* a ação ou a reconvenção", "julgar *procedente* o pedido" e já nos vemos diante de uma outra: "reconhecimento da *procedência* do pedido". O réu, em rigor, não reconhece a *procedência* do pedido, assim como o autor não reconhece a "procedência" da reconvenção, senão que reconhecem o *direito* alegado pelo adversário, com isso, se submetem às pretensões deduzidas com espeque nesse direito. O reconhecimento do direito afirmado pelo autor o pelo reconvinte, para além de constituir causa de extinção do processo com resolução do mérito, traduz renúncia do que se poderia denominar de *direito à resistência*.

Reconhecimento e confissão, porém, não são a mesma coisa, embora apresentem alguns pontos de contato. Em Roma, conquanto não houvesse uma separação formal desses dois atos, pois só se cuidava da confissão, esta produzia efeitos distintos, conforme fosse realizada na presença do pretor (*in iure*) ou do árbitro (*in iudicio*). No primeiro caso, a confissão dizia respeito à pretensão, ou seja, ao pedido formulado pela parte contrária; no segundo, ligava-se aos fatos alegados pelo adversário.

O ponto de contato, a que nos referimos há pouco, entre o reconhecimento e a confissão, está em que, tanto lá quanto aqui, existe, por parte de um dos litigantes, a admissão de um fato como verdadeiro, contrário aos seus interesses manifestados na causa. Distinguem-se ambas, entre si, todavia, pelas seguintes particularidades: a) o reconhecimento concerne à pretensão, correspondendo, assim, neste aspecto, à confissão do Direito Romano, que era realizada perante o pretor (*in iure*); a confissão, por sua vez, tem como objeto os fatos; b) o reconhecimento, por si só, é causa de extinção do processo; além disso, se bem pensarmos, verificaremos que o processo, na espécie, se extingue não em decorrência de uma solução estatal da lide, mas do fato de o réu reconhecer que o autor possui razão jurídica, ou de o autor reconhecer que o reconvinte detém essa razão, no que respeita às pretensões formuladas em juízo. Sob esse ângulo, podemos asseverar que a sentença possui, aí, um caráter fortemente homologatório; a confissão, ao contrário, não é, em si, causa de extinção do processo, senão que uma forma de tornar os fatos incontroversos e, em decorrência disso, dispensar a produção de provas que, em outras circunstâncias, seriam necessárias. Demais, a confissão não significa, necessariamente, que a parte à qual ela beneficia possua razão jurídica, vale dizer, venha a ser vencedora na causa, pois a presunção de veracidade dos fatos, que decorre dessa *confessio*, é meramente relativa, podendo, em função disso, esboroar-se diante de outras provas, como a documental. De resto, tanto o reconhecimento da "procedência" do pedido quanto a confissão somente serão eficazes quando recaírem em direito disponível, assim conceituado aquele que possa ser objeto de transação.

a) Transação

A conciliação figura como o escopo fundamental da Justiça do Trabalho (CLT, art. 764, *caput*), motivo pelo qual os juízes do trabalho devem empenhar-se em obtê-la (*ibidem*, § 1º). A propósito, os órgãos jurisdicionais trabalhistas, em princípio, são conciliadores; somente se tornam contenciosos se não houver conciliação (*ibidem*, § 2º).

Vista sob uma óptica pragmática, a conciliação de que fala a CLT é sinônimo de transação, entendida esta como um meio de solução consensual, negociada, do conflito de interesses, mediante concessões recíprocas das partes. Dispõe o art. 840 do Código Civil ser "lícito aos interessados prevenirem ou terminarem o litígio mediante concessões mútuas".

Ainda que o art. 515, II, CPC atual não haja repetido a regra inscrita no art. 475-N, III, do CPC revogado (que enumerava os títulos executivos judiciais), devemos observar que a transação constitui modalidade de solução não jurisdicional da lide, permitindo, por isso, que as partes incluam como objeto desse negócio jurídico bilateral direitos ou pretensões não manifestados na causa, ou seja, redimensionam os limites objetivos da lide.

Essa manifestação volitiva das partes envolvidas no conflito de interesses pode, portanto, implicar um redimensionamento dos limites objetivos da lide, sem que isso acarrete transgressão da norma inscrita no art. 492 do CPC. A precitada norma somente se aplica à solução *jurisdicional* do conflito, que é impositiva, e se opera por meio da sentença.

A sentença homologatória nada pode retirar da transação ou nela incluir, conquanto, em determinadas situações, o juiz possa, até mesmo recusar-se a lançá-la, como quando convencer-se de que é produto de conluio das partes com o objetivo de praticar ato simulado ou de conseguir fim proibido por lei (CPC, art. 142).

A sentença homologatória da transação, na verdade, só se justifica, sob o aspecto prático, pela necessidade de atribuir-se ao credor um título executivo judicial (CPC, art. 515, II); sem essa sentença, o credor teria dificuldade em promover a execução na hipótese de inadimplemento do devedor.

Nada obstante as críticas que se vêm dirigindo à transação e ao empenho dos juízes do trabalho em consegui-la, não se pode negar que ela, no geral, atende aos interesses dos litigantes, pois não podemos nos esquecer de que se trata de uma solução negociada do conflito, numa espécie de "equivalente jurisdicional", como talvez diria Carnelutti. É evidente que se considerarmos o fato de que o trabalhador, muitas vezes, transaciona para evitar o mal maior, representado pela tardança na solução jurisdicional do conflito, seremos levados a concluir que a transação, nesse quadro dramático, parece estar mais a serviço do empregador, porquanto o trabalhador prefere receber menos, mas já, a receber mais, embora tardiamente, ou nem sequer receber. Seja como for, o certo é que se a transação pode ser, em determinadas situações, prejudicial ao trabalhador, sabendo-se que quem tem fome não possui liberdade para negociar, pior seria sem ela, pois os longos prazos que hoje se verificam na solução das demandas conspiram rudemente — infâmia que o Estado inflige aos miseráveis — contra as necessidades financeiras dos trabalhadores de nosso País. Nesse concerto, a transação abrevia o litígio, dando-lhe fim mediante resolução do mérito, e liberta o trabalhador da angústia de aguardar que a jurisdição se pronuncie sobre o que pleiteou na inicial.

b) Renúncia à pretensão formulada na ação ou na reconvenção

A renúncia, de que se ocupa esse dispositivo legal, em nada tem a ver com a desistência da ação, de que fala o art. 485, VIII, do CPC.

Enquanto a desistência respeita, apenas, à ação, provocando, em virtude disso, a extinção do processo sem resolução do mérito, ou seja, do conteúdo material da demanda, a renúncia toca à própria *res in iudicio deducta,* vale dizer, ao direito material que a ação ou a reconvenção se destinava a fazer valer. Em termos práticos, a distinção fundamental entre elas reside no fato de a desistência não impedir que o autor intente, novamente, a ação (CPC, art. 486), ao passo que a renúncia inibe o ajuizamento de ação que tenha como objeto o mesmo pedido da anterior, sobre cujo direito incidiu a renúncia.

Por isso, tolera-se, no processo do trabalho, a desistência da ação, e repudia-se a renúncia ao direito material. A irrenunciabilidade dos direitos materiais, nunca é inútil lembrar, representa a viga mestra de todo o sistema legal de proteção do patrimônio jurídico do trabalhador — sistema que chega, em nome de seus fins, a subtrair a eficácia da própria manifestação volitiva deste, como ocorre no caso do art. 468 da CLT, por força do qual se inquina de nula qualquer alteração de cláusula contratual que provoque, direta ou indiretamente, prejuízos ao trabalhador, ainda que ele haja concordado com a alteração. Como adverte Lacordaire, "entre o forte e o fraco, entre o rico e o pobre, é a liberdade que escraviza, é a lei que liberta". Essa máxima do ilustre pensador religioso francês haveria, por certo, de merecer duras críticas se tivesse sido formulada com vistas às relações políticas entre os homens e as instituições, em que a supressão da liberdade individual só conviria aos regimes de vocação ditatorial;

aplicada, entretanto, às relações entre trabalhadores e empregadores, ela revela a sua extrema sensibilidade diante de uma realidade que não pode ser desconsiderada pelo legislador. Nem pela doutrina ou pela jurisprudência, se tiverem algum apreço pelo valor *justiça*.

O CPC atual inovou ao estabelecer que o juiz, antes de decretar (entenda-se: proferir a sentença) a prescrição extintiva e a decadência deverá conceder oportunidade para que as partes se manifestem sobre o assunto (art. 487, parágrafo único). A fixação desse prazo ficará a critério do juiz, seja quanto à duração, seja quanto a ser comum ou sucessivo. Não havendo fixação judicial, o prazo será de cinco dias (CPC, art. 218, § 3º). A falta de concessão da oportunidade a que se refere a norma legal em exame poderá gerar a nulidade da sentença.

A inovação do CPC, neste particular, é elogiável, pois, ouvindo as partes, o juiz poderá convencer-se de que a prescrição ou a decadência estão, verdadeiramente, configuradas, e, em razão disso, sentir-se-á mais seguro para dar fim ao processo; ou, ao contrário, poderá convencer-se de que nenhuma nem outra ocorrem, e, por esse motivo, deixará de extinguir o processo.

Trata-se de um contraditório breve.

Configurada a decadência ou a prescrição, o juiz poderá realizar o julgamento antecipado do mérito (CPC, art. 355, I).

4. Outros casos

A enumeração dos casos de extinção do processo com exame do mérito, efetuada pelo art. 487 do CPC, não é exaustiva. Como corolário disto, podemos indicar a situação prevista no art. 142, do mesmo Código, qual seja, a de se utilizarem, autor e réu, do processo para praticar ato simulado ou conseguir fim proibido por lei: nesta hipótese, incumbirá ao juiz proferir sentença que obste ao escopo das partes. A sentença, a nosso ver, extinguirá o processo mediante prospecção do mérito. A entender-se que a extinção será sem apreciação do mérito, estar-se-á permitindo que autor e réu se valham novamente do processo para alcançar o mesmo objetivo, fazendo com que o juiz intervenha, outra vez, para dar cobro a esse propósito e, assim, sucessivamente.

Seja no caso de processo *aparente* (prática de ato simulado) ou *fraudulento* (tentar alcançar objetivo proibido por lei), portanto, entendemos que a sua extinção se dará mediante exame do mérito, impedindo, por esse modo, que autor e réu voltem a conluiar-se (*consilium fraudis*). A sentença, inclusive, produzirá coisa julgada *material,* motivo por que os seus efeitos somente poderão ser desconstituídos por meio de ação rescisória, fundada no art. 966, III, do CPC ("colusão entre as partes, a fim de fraudar a lei").

Como exemplo de processo *simulado* (ou aparente), podemos indicar aquele em que o autor pretende obter o reconhecimento de relação de emprego com o réu (cuja relação jamais existiu), com o objetivo de obter aposentadoria pelo INSS.

Se bem refletirmos, veremos que o que se convencionou denominar de *processo simulado* é, na verdade, *lide* simulada. O processo, no caso, é real, concreto, pois existe; o objeto da simulação foi o *conflito de interesses*.

SEGUNDA PARTE

NULIDADES PROCESSUAIS

Capítulo I

Nulidades processuais

Considerações propedêuticas

Uma das tarefas mais tormentosas para a doutrina tem sido, sem dúvida, a de estabelecer os limites exatos dos terrenos da nulidade, da anulabilidade e da inexistência dos atos processuais. Muito já se escreveu a respeito do assunto, mas, apesar disso, diversas áreas nebulosas, que envolvem as zonas limítrofes desses terrenos, ainda não foram dissipadas. Como consequência dessa indefinição, subsistem, no espírito de quantos sejam chamados a resolver problemas que digam respeito à validade ou invalidade dos atos processuais, ou à existência ou inexistência destes, hesitações angustiantes que, por sua vez, servem para alimentar as controvérsias doutrinárias e jurisprudenciais acerca da matéria — controvérsias que, em boa medida, emanam da falta de uma disciplina legal mais eficiente sobre assunto de tamanha relevância prática.

Parecem, por isso, ter sido formulados com vistas à nossa realidade normativa os comentários constantes do "Novíssimo Digesto Italiano" (verbete "*Nullità*, arguição "), a seguir reproduzidos: "O complexo de normas, através das quais o legislador pretendeu configurar a disciplina das nulidades dos atos processuais civis está longe de exaurir o complexo quadro da matéria: basta lembrar que as regras sobre as nulidades foram formuladas relativamente aos vícios formais e é discutida e discutível a sua aplicabilidade aos vícios de fundo. Esta insuficiência da disciplina normativa é perceptível quando se pensa que o legislador cuidou de regular aspectos até marginais ao regime das nulidades, como a legitimação para levantar o vício do ato, o poder de o juiz renová-lo etc. Essas disposições apresentam interesse secundário, e o intérprete tem, muitas vezes, que buscar fora do Código solução para problemas mais relevantes, como, v. g., o da inexistência, a que a lei absolutamente não se refere".

O estatuto de processo civil brasileiro de 1973 dedicou o Capítulo V do Título V ("Atos Processuais") do Livro I ("Processo de Conhecimento") às nulidades, procurando regular o correspondente regime em oito artigos (243 a 250). Aí, contudo, eram tratadas não somente as nulidades, mas as anulabilidades (caso, *e. g.*, dos arts. 244 e 245, *caput)*, fazendo gerar uma certa confusão na mente de intérpretes desavisados. Dos atos inexistentes nada se diz no mencionado

Capítulo. Em suma, a disciplina legal dos regimes da nulidade, da anulabilidade e da inexistência dos atos processuais foi insatisfatória, sendo a causa principal das dissensões instaladas na doutrina e na jurisprudência.

No CPC de 2015, as *nulidades* são tratadas nos arts. 276 a 283. Deve ser esclarecido, todavia, que os arts. 277 e 278 versam sobre *anulabilidade*.

O processo do trabalho, impulsionado por sua ontológica tendência à simplificação (que lhe atribui um aparente caráter de simplicidade), e beirando, em alguns casos, as raias da simploriedade, cogita das nulidades (e, tão só, destas) nos arts. 794 a 798.

É curioso observar que, de um lado, a má disciplina legal, como dissemos, tem contribuído para as disputas doutrinárias sobre o tema, e, de outro, que a imprecisão dos conceitos doutrinais tem levado a jurisprudência a desnortear-se, muitas vezes, diante dos casos concretos, ora considerando nulo o que é anulável (e vice-versa), ora declarando nulo o que, na verdade, é inexistente.

Parece-nos indispensável, em razão disso, que se proceda a um adequado acertamento legislativo do assunto, a fim de serem eliminadas, o quanto possível, as controvérsias que, até o momento, vêm atormentando juízes, advogados, membros do Ministério Público, assessores, professores e acadêmicos de Direito e tantos quantos têm sido instados a pronunciar-se a respeito. Enquanto não ocorrer o acertamento normativo preconizado, caberá à doutrina, com sua vocação científica, mourejar nesse campo, não apenas para solucionar, ainda que provisoriamente, o problema, mas para colocar à disposição do legislador os elementos necessários à definitiva pacificação da matéria.

Tentemos, em decorrência disso, fornecer alguns contributos — ainda que, reconhecidamente, modestos — para o atingimento desse objetivo, começando pela enunciação dos conceitos de: a) nulidade; b) anulabilidade; e c) inexistência dos atos processuais.

a) Nulidade

Costumam os juristas afirmar, com uma certa entonação dogmática, que ato nulo é o que não produz efeitos jurídicos (*quod nullum est nullum producit effectus*). Essa definição, embora consagrada, é imperfeita por levar em conta não a natureza, a essência do ato e, sim, a sua *consequência*, expressa na inaptidão para produzir os efeitos previstos no ordenamento jurídico. Examina-se, aí, em suma, não o elemento interno do ato, o seu conteúdo, mas o seu aspecto meramente externo. Além disso, no plano processual, o ato nulo produz efeitos, enquanto não for invalidado, sendo certo que se submete ao fenômeno jurídico da coisa julgada material, e, decorrido o prazo para o exercício da ação rescisória, torna-se definitivamente convalidado, vale dizer, imutável.

Antes de deitarmos um conceito de nulidade, faz-se recomendável advertir que esta não deve ser confundida com ineficácia, conquanto ambos os vocábulos venham sendo indistintamente empregados por uma doutrina pouco preocupada com os compromissos científicos.

A nulidade, como diz Teresa Arruda Alvim Pinto, "é o estado em que se encontra um ato, que lhe torna passível de deixar de produzir seus efeitos próprios e, em alguns casos, destroem-se os já produzidos" ("Nulidade da Sentença", São Paulo: Revista dos Tribunais, 1987, págs. 62/63). A ineficácia, por seu turno, significa a inaptidão para a produção dos efeitos jurídicos inerentes ao ato processual. Sob esse ângulo, fica possível compreender-se a existência de atos que, embora válidos, sejam ineficazes, ou seja, não têm aptidão para produzir os efeitos pretendidos. Uma sentença condenatória, por exemplo, da qual se tenha interposto recurso, a despeito de ser um ato formalmente válido, só terá eficácia de título executivo (execução definitiva) depois de julgado o recurso e desde que o tribunal negue provimento a este. Em outra obra, aliás, pudemos manifestar a opinião de que a sentença passível de recurso (não a que já tenha sido objeto de impugnação, por essa via) é ato condicionado, ou melhor, que pende de condição suspensiva, isto porque, embora dotada de todos os requisitos legais para a sua validade, encontra-se tolhida em sua eficácia. Concluímos, asseverando que dita suspensividade permanecerá enquanto perdurar a possibilidade de impugnar-se a sentença, o que corresponde a afirmar, de outro ponto de observação, que os seus efeitos somente serão liberados assim que ficar afastada, em definitivo, a possibilidade de recurso.

Definidas, por esse modo, os lindes da anulabilidade e da ineficácia, po demos conceituar o ato nulo, em sentido amplo, como o que tem existência em desacordo com a lei e cuja invalidade pode ser alegada pelas partes, a qualquer tempo, ou decretada, *ex officio*, pelo juiz, não podendo, em princípio, ser ratificado e não sendo apto para gerar preclusão. A ineficácia do ato decorrerá do seu decreto jurisdicional de nulidade.

Como se pode notar, o conceito que acabamos de esboçar se calca no elemento *existência*, que reputamos essencial para diferenciar o ato nulo do inexistente. É certo que esse existir se vale para separar o ato nulo do inexistente, não serve para desassemelhá-lo do ato anulável, uma vez que este também existe. Por ora, fiquemos com o conceito formulado, que, segundo pensamos, será melhor entendido quando elaborarmos o de ato anulável, o que será feito mais adiante.

Assim como Galeno Lacerda, julgamos que o traço característico dos sistemas das nulidades processuais reside na natureza da norma desrespeitada, considerada em seu aspecto finalístico. Desse modo, se a norma reflete predominante interesse público, a sua violação acarreta a nulidade (absoluta) do ato infringente ("Despacho Saneador", Porto Alegre: 1953, pág. 72). Esse critério, se não é eficiente para resolver, por inteiro, o problema das nulidades, é, a nosso ver, o que de melhor se tem, pois não se pode negar que se o Estado, por meio de determinada norma, tutela um interesse público, será nulo o ato que a transgredir. Sabe-se, por outro lado, que as partes não têm poder de disposição sobre as normas dessa natureza. É imperativo chamarmos a atenção para o fato de que, mesmo sendo o Estado um dos litigantes, ele não poderá dispor da norma de ordem pública, considerando que, para esse fim, fica equiparado ao particular.

b) Anulabilidade

Assim como os atos nulos, os anuláveis têm existência em desacordo com a lei. A nota distintiva, contudo, entre ambos, fica por conta do fato de que os atos anuláveis não podem ser decretados *ex officio*, sendo indispensável, para tanto, a iniciativa do interessado, exceto se este deu causa à contaminação do ato. Aqui há, quase sempre, preclusão (temporal) e, também, possibilidade de convalidação.

Afirmamos, há pouco, que haverá nulidade sempre que o ato violado espelhar um interesse público. Podemos aproveitar essa mesma linha de raciocínio para dizer, agora, que existirá anulabilidade (ou nulidade relativa) quando o ato infringido tutelar interesse que diga respeito, essencialmente, às partes.

Mais além, iremos empreender um exame detalhado do texto do CPC, com o objetivo de pinçar os dispositivos que cuidam da nulidade e da anulabilidade. Nossa preocupação didática, todavia, sugere anteciparmos, desde logo, uma pequena parcela dessa investigação seletiva, para colocar, frente a frente, um caso de nulidade e, outro, de anulabilidade, a fim de que possam ser realçados os elementos que os distinguem.

Sentença destituída de fundamentação é nula, nos termos dos arts. 93, IX, da Constituição Federal, e 489, II, do CPC. Logo, a nulidade pode ser arguida por qualquer das partes (inclusive, pela vencedora na causa, pois o seu interesse de agir decorrerá, justamente, da possibilidade de o adversário alegar a nulidade ou ingressar com ação rescisória), em qualquer tempo e grau de jurisdição, devendo ser decretada pelo juiz, *ex officio*. Não há, portanto, preclusão para as partes, nem para o juiz, no que toca à nulidade do ato que, por isso, não é convalidado pelo silêncio de quem quer que seja, conquanto o nulo passe em julgado — precisamente porque *existe*.

As normas violadas, na espécie, tutelam, inegavelmente, um interesse público, consistente na necessidade de serem fundamentados todos os pronunciamentos da jurisdição, como providência destinada a evitar a arbitrariedade ou a ditadura dos juízes, no momento de solucionar o conflito de interesses que dá conteúdo à lide.

Se, de outro lado, o juiz indeferir a produção de determinada prova, em audiência, imprescindível para demonstrar a veracidade dos fatos alegados pela parte, isso ensejará, em princípio, a anulação do processo. Caso, porém, o litigante prejudicado pelo ato judicial nada alegar, em razões finais, precluirá o seu direito de pedir ao tribunal a anulação do processo, pois é próprio do regime das anulabilidades essa preclusão temporal. Convalida-se, assim, o ato de indeferimento de produção da prova.

A norma processual desacatada, que diz da faculdade de as partes produzirem as provas necessárias à demonstração dos fatos alegados, não tem caráter "cogente" e, sim, dispositivo. Isso significa que o ato entra no poder de disposição dos litigantes. Desse modo, a violação da norma implicará não nulidade do ato, mas a sua anulabilidade.

É de anulabilidade que cuida o art. 277 do CPC, ao estatuir que quando a lei prescrever determinada forma valerá o ato se, embora praticado por modo diverso, atingir a sua finalidade. Essa regra legal, a propósito, constitui iteração do art. 188 do mesmo Código e consubstancia o princípio doutrinário da *instrumentalidade* dos atos processuais. A regra inscrita no art. 277 do CPC, contudo, não é inflexível, como se possa imaginar. Mesmo que a lei comine de nulo determinado ato, se vier a ser praticado de maneira diversa da por ela prevista, entendemos que a invalidade não deva ser decretada se o ato atingir a sua finalidade, sem prejuízo para a parte. Apressamo-nos em esclarecer que estamos a pressupor que o ato tenha sido realizado sob forma distinta da prescrita em lei, ou seja, de uma situação específica de anulabilidade e não de nulidade. Destarte, se de nulidade efetivamente tratar-se, não haverá, em princípio, lugar para a convalidação do ato, porquanto a norma legal, por ele desrespeitada, estará, por definição a tutelar um interesse público. No caso de ato praticado com mera inobservância da forma haverá, apenas anulabilidade, motivo por que esta não deverá ser pronunciada se esse desvio do modelo legal não acarretar nenhum tipo de prejuízo à parte contrária. Mais uma vez, trazemos o exemplo da resposta do réu, oferecida por escrito, quando, por lei, deveria ser apresentada oralmente (CLT, art. 847): se o ato atingiu a sua finalidade, não haverá razão jurídica para invalidá-lo, simplesmente por haver deixado de atender à *forma* prescrita em lei. Em situações como esta, a propósito, o princípio da instrumentalidade dos atos do procedimento se liga, harmoniosamente, com o da *transcendência*, gravado no art. 794 da CLT, a teor do qual não há nulidade sem prejuízo (*pas de nullité sans grief*, consoante a difundida máxima francesa).

Mais adiante, iremos discorrer sobre esses princípios — que, na verdade, funcionam como uma espécie de *atenuadores* do sistema das nulidades dos atos processuais.

Antes de passarmos ao estudo dos atos *inexistentes*, devemos lançar um escólio sobre certos atos processuais que, embora praticados em desacordo com a lei, não produzem nulidade nem anulabilidade. Podemos asseverar que tais atos contêm uma "carga" de vício bem mais reduzida do que a encontrável nos nulos e nos anuláveis. Estamos a referir-nos às meras *irregularidades* que, por sua natureza, não comprometem o ato, nem o *due process of law*. São, por assim dizer, "pequenas falhas na pintura", que, a despeito de não contaminarem o ato, em sua essência, podem, se não forem corrigidas a tempo, produzir, mais tarde, consequências de considerável monta, motivo por que não devem ser desconsideradas.

Como exemplos dessas *irregularidades*, podemos apontar, dentre tantos: a) os erros de cálculo, de escrita ou de datilografia da sentença, a que se refere o art. 833 da CLT, e dos quais se ocupa o art. 494, I, do CPC, que podem ser corrigidos *ex officio*, ou a requerimento do interessado, sem necessidade de uso dos embargos declaratórios; b) o erro de numeração das folhas juntadas aos autos (CPC, art. 207, *caput*) ou a falta de rubrica do escrivão ou do diretor da secretaria, nessas folhas (*ibidem*).

c) Inexistência

Ato inexistente é o não-ato, o *nihil*. É o ato que, por não atender a uma exigência fundamental, da lei, só existe materialmente (ou seja, no mundo sensível) e não juridicamente. Pode-se dizer, pois, que se trata de um ato sem vida jurídica.

Foi por esse motivo que, ao conceituarmos os atos nulos e os anuláveis, nos preocupamos em uni-los pelo elemento "existência" (jurídica), para contrapô-los aos atos ditos inexistentes. Sob esse prisma metodológico, portanto, poderíamos até pensar numa classificação dos atos processuais, do ponto de vista ontológico, em: a) existentes (nulos e anuláveis); e b) inexistentes.

Se quisermos ser minuciosos, devemos aumentar o grau da lente e, dessa maneira, reconhecer que a inexistência do ato pode apresentar-se sob duas formas: a) de ato simulado; b) de ato real, mas sem possibilidade de existir segundo o direito. Lá, temos, por exemplo, um processo conduzido e concluído por quem não seja juiz; aqui, uma sentença emitida por quem é juiz, mas sem a assinatura deste. Reconhecemos que essa separação de inexistências não é de grande utilidade prática, considerando que, em qualquer caso, a inexistência significará o não-ser, o nada jurídico. Não cremos estar equivocados se reduzirmos o ato inexistente a simples fato processual, ou seja, a um acontecimento do processo, destituído, por isso mesmo, de qualquer aptidão para ser aceito como um ato jurídico.

Se bem refletirmos, aliás, veremos que o problema da *inexistência* do ato é algo que precede ao da sua *validade*, pois sem que o ato efetivamente exista, não se pode, por uma questão de lógica elementar, dizer se é válido, ou não. A existência constitui, assim, pressuposto para a verificação da validade do ato.

Uma das características mais expressivas dos atos inexistentes repousa na desnecessidade de uma ação judicial específica, declaratória do seu não-ser. Não estamos, com isso, a asseverar que a inexistência prescinda de um pronunciamento do juiz a respeito e, sim, que ela não precisa ser, sempre, objeto de ação declaratória, ao contrário, portanto, do que se dá com a nulidade, que reclama a ação rescisória (sentença transitada em julgado) e a anulabilidade, que desafia o uso da ação anulatória, em regra. A inexistência do ato, como é evidente, pode ser declarada pelo juiz, no curso do processo.

O legislador brasileiro, em falha lamentável, não disciplinou essa espécie de ato, não lhe traçou um regime específico, capaz de fazer com que fossem evitadas as dúvidas, as perplexidades e as discussões sobre o assunto, que hoje se verificam nos sítios da doutrina, com inevitáveis reflexos na jurisprudência. Chega a ser irônico o fato de inexistir, nos códigos de processo de nosso país, regulação dos atos inexistentes. O que havia, quando muito, era uma referência vaga ou isolada a respeito destes, como a que constava do mencionado art. 37, parágrafo único, do CPC de 1973: "Os atos, não ratificados no prazo, serão havidos por *inexistentes*, respondendo o advogado por despesas e perdas e danos" (destacamos).

Como devem ter percebido os ilustres leitores, preocupamo-nos, até aqui, apenas, em examinar os atos processuais inexistentes sob dois aspectos objetivos: a) de sua generalidade; b) da conceituação. Assim o fizemos em decorrência de um critério pragmático de exposição. Em linhas porvindouras, contudo, voltaremos ao assunto, não apenas para esmiuçá-lo, mas para dedicar especial atenção às sentenças inexistentes, que revelam uma espécie particular desse não-ser dos pronunciamentos jurisdicionais. O mesmo faremos no concernente às sentenças nulas e as rescindíveis, segundo a classificação aceita por certo segmento doutrinário.

1. Nulidade

Apresentados os conceitos de nulidade, de ineficácia, de anulabilidade e de inexistência dos atos processuais, devemos prosseguir para dizer que a nulidade (tomado o vocábulo em sentido amplo, de modo a abarcar as anulabilidades) desses atos pode ser quanto: a) à forma; b) à finalidade.

1.1. Quanto à forma

Tem-se dito que processo é forma. Não nos parece correta, entretanto, a afirmação. Processo é método, é técnica estatal de solução dos conflitos intersubjetivos de interesses, juridicamente tuteláveis. A forma é algo que diz respeito ao *procedimento*, como aspecto exterior do processo. Logo, procedimento é forma e processo é método.

As nulidades (atente-se para o fato de estarmos a utilizar o vocábulo como significante, também, das anulabilidades) de forma estão previstas nos arts. 276 a 283 do CPC, especialmente no 276 e no 277, em que a referência ao elemento formal é patente.

Como dissemos antes, há uma nítida tendência da doutrina e da jurisprudência trabalhistas de nosso país em evitar, o quanto possível, a decretação de nulidade do ato por desrespeito à forma. Pelo sistema do processo do trabalho, *e. g.*, a resposta do réu (exceção, contestação, reconvenção, etc.) deve ser apresentada, oralmente, em audiência (CLT, art. 847); nada obstante, o que a prática revela é algo oposto e praticamente generalizado, pois o réu costuma responder por escrito, sem que esse abandono da forma prescrita em lei enseje a nulidade do ato. Este, afinal, atingiu o seu escopo (CPC, art. 277).

1.2. Quanto à finalidade

Ligam-se ao fundo do próprio ato e concernem, de modo geral, às condições da ação e aos pressupostos de constituição e de desenvolvimento regulares da relação processual.

Os vícios processuais referentes à finalidade do ato geram, quase sempre, nulidade absoluta, ao contrário dos vícios de forma, que, conforme vimos, tendem à anulabilidade, mesmo quando haja cominação legal de nulidade.

2. Arguição das nulidades e sua decretação

Cumpre-nos analisar, a partir deste momento, as questões pertinentes à arguição das nulidades e das anulabilidades, e quais as consequências processuais de sua decretação.

2.1. Arguição

De acordo com o art. 278 do CPC, a nulidade do ato deve ser alegada pelo litigante, na primeira oportunidade em que lhe couber falar nos autos, elucidando o parágrafo único dessa norma, muito adequadamente, que essa disposição é inaplicável às nulidades que devam ser decretadas pelo juiz, *ex officio* (como nas situações mencionadas pelos arts. 64, § 1º ; 485, § 3º; 337, § 5º ; e 342, II, do mesmo Código, somente para citarmos algumas) ou quando a parte comprovar "legítimo impedimento".

O princípio estampado, pois, no *caput* do art. 278 do CPC, é de que incumbe à parte, na medida do seu interesse, alegar a nulidade do ato, sob pena de preclusão. A CLT contém regra similar, inserta no *caput* do art. 795, na qual está dito que o momento oportuno para a nulidade ser arguida é o da primeira vez em que a parte tiver de falar nos autos ou em audiência. A norma trabalhista, a nosso ver, é mais didática, ao aludir à manifestação das partes nos autos ou em audiência, porquanto se trata, em rigor, de momentos distintos. Assim, a nulidade decorrente do indeferimento, por despacho, de requerimento destinado à juntada de documentos, deve ser alegada no prazo de cinco dias (CPC, art. 218, § 3º), contado da data da intimação do despacho. Entrementes, a nulidade oriunda do indeferimento de repergunta dirigida à parte adversa ou à testemunha, durante o interrogatório destas, deve ser alegada na fase das razões finais, uma vez que o ato judicial, supostamente configurador do "cerceamento de defesa" (para utilizarmos a expressão correntia), se deu em audiência.

Sendo o caso de violação de norma de ordem pública, em face da qual, portanto, as partes não têm nenhum poder de disposição, o silêncio de uma delas não conduzirá à preclusão de que fala o art. 278 do CPC, porquanto haverá, aí, nulidade absoluta (por exemplo, sentença sem fundamentação). O parágrafo único dessa norma legal, a propósito, deixa claro essa impossibilidade de preclusão temporal.

Mesmo que haja transgressão de norma dispositiva (anulabilidade), a preclusão não se formará se a parte demonstrar que a ausência de alegação oportuna do vício do ato decorreu de justo impedimento, ou seja, de evento imprevisto, alheio à sua vontade e que não pôde ser evitado (CPC, art. 223, § 1º).

Estabelece o art. 798 da CLT que a nulidade do ato não prejudicará senão os posteriores, que dele dependam ou sejam consequência. O mesmo princípio vigora no processo civil, cujo art. 281 vai um pouco além, para esclarecer que a nulidade de uma parte do ato não prejudicará as outras, que dela sejam independentes.

Essas dicções legais obrigam-nos a uma breve consideração doutrinal a respeito dos atos processuais, para dizer que compreendem, basicamente, três classes: a) os atos simples; b) os atos compostos e c) os atos complexos, conforme a opinião carneluttiana, a que aderimos.

Simples (ou singulares ou unitários) são os atos cuja existência e validade dependem, apenas, da vontade da parte, como, *v. g.*, a juntada de documentos, as razões finais etc.; *compostos*, os formados pela conjugação de diversos atos simples que, a partir daí, perdem a individualidade e, por esse motivo, não podem, isoladamente, produzir efeitos (a audiência, por exemplo); dizem-se *complexos* os atos que se originam da aglutinação de vários atos simples, que, apesar disso, conservam a sua particularidade. Desse modo, será lícito afirmar que há duas ordens de efeitos, que soem ser produzidos pelos atos complexos: os derivantes de cada ato simples e os oriundos do conjunto integrado desses atos (o julgamento dos recursos, que pressupõe a interposição e a admissibilidade pelos juízos *a quo* e *ad quem*. A autonomia do juízo *a quo*, por exemplo, pode ser aferida pelo fato de o despacho, se denegatório, ensejar impugnação pelo agravo de instrumento).

2.2. Decretação

Demonstradas as espécies de atos processuais, considerados entre si, fica fácil perceber que, nos termos dos arts. 798 da CLT e 281 do CPC: a) anulados os atos simples ou compostos, nada mais sobra, razão por que devem ser repetidos. Com efeito, se as razões finais (simples) foram anuladas (antes do proferimento da sentença, pelo próprio juízo perante o qual foram aduzidas), outras devem ser apresentadas; o mesmo se diga quanto à audiência (composto): anulada, uma nova deverá ser realizada; b) a declaração contida na parte final do art. 281 do CPC, de que a nulidade de uma parte do ato não prejudicará as outras, que dela sejam independentes, tem em vista os atos complexos, onde, como observamos, os diversos atos que o compõem conservam a sua individualidade, podendo, por isso, produzir efeitos por si próprios.

Estatui, ainda, o art. 282 do CPC que o juiz, ao pronunciar a nulidade, dirá que atos são por ela atingidos, ordenando as providências necessárias, a fim de que sejam repetidos ou retificados. Em redação mais concisa, é o que dispõe o art. 797 da CLT.

É, sem dúvida, sensata a regra segundo a qual o juiz deve declarar (= esclarecer) quais os atos afetados pelo decreto nulificador. Para sermos sinceros, o ideal seria que inexistissem nulidades a serem pronunciadas; como isso é praticamente impossível de acontecer, em um sistema processual algo formalista e intricado, como o nosso, cabe ao juiz não só decretar a nulidade, quando for o caso, como especificar os atos que são atingidos por essa declaração. Mais do que isso, incumbe-lhe indicar as providências que deverão ser tomadas, para que o ato seja repetido ou retificado. É óbvio que se o vício for de *inexistência* do ato, nada há para ser sanado. No que respeita aos atos existentes, que se apresentam viciados, a sanação poderá consistir não só na repetição ou na retificação, como faz supor a lei, mas na própria ratificação (confirmação), como se dá na situação mencionada no parágrafo único do art. 104 do CPC.

O art. 282 do CPC, contudo, após impor ao juiz o dever de indicar os atos que são fulminados pelo decreto de nulificação, enuncia duas regras pertinentes: a primeira, de que o ato não será repetido, nem suprida a sua falta, quando não trouxer prejuízo à parte (§ 1º); a segunda, de que, podendo decidir, no mérito, a favor da parte a quem a declaração de nulidade aproveita, o juiz não a pronunciará, nem mandará repetir o ato ou suprir a falta (§ 2º).

Ausência de prejuízo. Como vimos, o princípio de que não se decreta a nulidade quando inexistir prejuízo à parte, insculpido no art. 794 da CLT, figura como verdadeira viga mestra de todo o conjunto a que temos denominado de "moderador do sistema das nulidades processuais", sobre o qual discorremos adiante.

Cabe aqui, no entanto, uma ressalva fundamental, para a exata intelecção do preceito em exame. Só se deixará de decretar a nulidade, que não tenha acarretado prejuízo à parte, se a violação tiver como objeto uma norma dispositiva. Isso corresponde a afirmar, em sentido inverso, que se a norma transgredida era de ordem pública, a decretação da nulidade deverá ser feita, mesmo que o ato violador não tenha trazido nenhum prejuízo ao litigante. Também no processo, o interesse particular não pode sobrepor-se ao interesse público.

Decisão de mérito favorável. A dicção legal de que o juiz deverá abster-se de pronunciar a nulidade sempre que puder decidir, no mérito (CPC, art. 282, § 2º), em favor da parte a quem a decretação da nulidade aproveitaria, traduz-se numa reiteração do disposto no § 1º do mesmo artigo, numa explicitação, enfim, do conteúdo daquele, fazendo-se, porém, uma referência específica ao julgamento do mérito.

Por isso, os comentários que fizemos quanto ao § 1º do art. 282 são aplicáveis, *mutatis mutandis*, ao § 2º , mormente no que toca à inaplicabilidade deste aos casos de nulidade absoluta, caracterizada pela violação de norma tuteladora de interesse público.

Perguntamos, todavia: se o juiz de primeiro grau decidir o mérito em benefício da parte a quem a decretação de nulidade aproveitaria, isso impedirá o tribunal, em sede recurso, de pronunciá-la? É evidente que não. Recordemos que estamos a cogitar de nulidade absoluta que, por isso, pode ser alegada em qualquer tempo ou grau de jurisdição e, segundo a mesma regra, deve ser decretada *ex officio*. Digamos que o juízo de primeiro grau fosse absolutamente incompetente para apreciar a ação e viesse a decidir o mérito em favor de quem a pronúncia de nulidade aproveitaria, ou seja, a favor do réu. Interposto o recurso pelo autor, o tribunal estaria inteiramente livre para pronunciar, *ex officio*, a nulidade, oportunidade em que seriam afetados por essa decretação, apenas, os atos decisórios, devendo os autos ser encaminhados ao juízo competente.

Por fim, adverte o art. 283 do digesto de processo civil que o erro de forma do processo produz, tão só, a anulação dos atos que não possam ser aproveitados, devendo ser praticados os necessários, para que sejam atendidas, o quanto possível, as prescrições legais.

O erro de forma, a que alude a norma legal supracitada, é do procedimento, não do processo, pois, como procuramos demonstrar, em páginas anteriores, processo é método e procedimento, forma.

Dar-se-á o aproveitamento dos atos praticados desde que não resulte prejuízo à defesa de qualquer parte (*ibidem*, parágrafo único).

No processo do trabalho, haveria falha na eleição do procedimento, se, por exemplo, a parte optasse pelo sumariíssimo, quando o correto seria o ordinário, e vice-versa.

Se essa escolha errada do procedimento viesse, efetivamente, a ocorrer, em determinado caso concreto, incumbiria ao juiz do trabalho adequar a ação ao procedimento previsto em lei, fazendo, com isso, desaparecer a falha formal que a embaraçava, hipótese em que deveria atender ao comando do art. 283 do CPC, por modo a anular, apenas, os atos que não pudessem ser aproveitados, ou seja, que não fossem conciliáveis com o procedimento correto. De qualquer maneira, esse aproveitamento dos atos praticados dentro do procedimento incorreto só será possível se isso não acarretar prejuízo à defesa do réu, seja direto ou indireto. Esse prejuízo poderá referir-se não só à *resposta* (exceção, contestação, reconvenção) como à produção de provas etc.

É recomendável, em razão disso, que o juiz do trabalho, sempre que possível, tome conhecimento da petição inicial antes da citação do réu, pois, neste caso, poderá mandar, logo de início, que seja observado o procedimento correto, sem que essa "conversão corretiva" possa implicar eventuais prejuízos à defesa deste. Se essa conversão não for possível, a solução estará no indeferimento da petição inicial, com fulcro no art. 330, IV, do CPC, extinguindo-se o processo sem julgamento do mérito.

Casuística legal

Com o propósito de atribuir um sentido prático aos conceitos que até aqui formulamos sobre nulidade, anulabilidade e inexistência de atos processuais, verifiquemos, agora, algumas disposições do CPC que dizem respeito a esses vícios.

3. Dispositivos legais sobre nulidade, amelabilidade e inexistência

3.1. Nulidade

a) art. 74, parágrafo único: a falta da autorização do marido ou da outorga da mulher, quando não supridas judicialmente, invalida o processo;

b) art. 64, § 1º, congeminado com o art. 966, II: sentença proferida por juiz absolutamente incompetente;

c) art. 141: sentença proferida *infra, ultra* ou *extra petita.* Este dispositivo se articula com o art. 460 do mesmo Código;

d) art. 142: utilização do processo, pelas partes, com o fito de praticar ato simulado ou conseguir fim proibido por lei. Este artigo se enastra com o 966, III, do mesmo estatuto processual;

e) art. 371, combinado com o 489, II: sentença sem fundamentação;

f) art. 144, conjugado com o art. 966, II: sentença proferida por juiz impedido;

g) art. 192: emprego de língua estrangeira, nos atos e termos do processo.

A nulidade, na espécie, só deverá ser pronunciada se o uso de palavras não integrantes de nosso vernáculo acarretar prejuízo à parte contrária ou embaraçar a entrega da prestação jurisdicional. O mesmo se diga quanto à juntada de documentos redigidos em língua alienígena, sem a necessária versão para o Português (ibidem, parágrafo único);

h) arts. 212 a 217: a violação das regras estabelecidas por essas normas legais, respeitantes ao tempo e ao lugar em que devam ser realizados os atos do processo, conduz, quase sempre, à nulidade destes;

i) arts. 218 a 235: dispõem sobre os prazos, cuja infringência, em regra, implica a nulidade do ato;

j) art. 273: intimação por meio eletrônico, quando esse meio era inviável;

k) art. 279: nulidade do processo em que o Ministério Público não foi intimado para intervir, quando essa intervenção era necessária, em face da lei;

l) art. 280: as citações e as intimações serão nulas quando efetuadas com infração às regras legais. No processo do trabalho, contudo, não se tem aplicado à risca esse preceito, conforme demonstramos anteriormente;

m) art. 283: erro de forma do procedimento;

n) art. 313, § 3º: não-constituição de novo procurador, no caso de falecimento do anterior;

o) art. 485, IV, V e VI: falta de pressuposto de constituição e de desenvolvimento regulares da relação processual; sentença que não acolhe perempção, litispendência ou coisa julgada existentes; falta de condições da ação, respectivamente;

p) sentença que descumpre o art. 337, II (incompetência absoluta); IV (inépcia da inicial); VI (litispendência); VII (coisa julgada) e IX(incapacidade de parte, defeito de representação ou falta de autorização).

3.2. Anulabilidade

a) art. 65: sentença proferida por juiz relativamente incompetente (não enseja, por isso, o exercício de ação rescisória, como evidencia o art. 966, II, do CPC);

b) art. 277: ato que, embora praticado sob forma diversa da prevista em lei, atinge a sua finalidade;

c) 278, *caput*: princípio doutrinal da convalidação. A nulidade relativa, ou melhor, a anulação do ato só será possível se a parte arguir o vício na primeira vez em que teve de falar nos autos ou em audiência (CLT, art. 795);

d) art. 244: citação de pessoa que se encontre em quaisquer das situações descritas nos incisos I a IV dessa norma.

3.3. Inexistência

a) art. 205, *caput*: despacho, decisão, sentença ou acórdão não assinados pelo juiz;

b) art. 337, I: inexistência de citação.

A jurisprudência tem considerado como inexistente, de modo geral, as peças processuais não assinadas pela parte ou por seu advogado, como seria o caso da petição inicial, da contestação, das razões de recurso, dos embargos do devedor, etc. Quanto ao recurso ordinário, em particular, dispunha a OJ n. 120, da SBDI-I, do TST: "Recurso. Assinatura da petição ou das razões recursais. Validade. O recurso sem assinatura será tido por inexistente. Será considerado válido o apelo assinado, ao menos, na petição de apresentação ou das razões recursais". Posteriormente, a redação desse OJ foi reformulada, em decorrência do CPC de 2015, passando a ser esta: "RECURSO. ASSINATURA DA PETIÇÃO OU DAS RAZÕES RECURSAIS. ART. 932, PARÁGRAFO ÚNICO, DO CPC DE

2015. (alterada em decorrência do CPC de 2015) Res. 212/2016, DEJT divulgado em 20, 21 e 22.09.2016I - Verificada a total ausência de assinatura no recurso, o juiz ou o relator concederá prazo de 5 (cinco) dias para que seja sanado o vício. Descumprida a determinação, o recurso será reputado inadmissível (art. 932, parágrafo único, do CPC de 2015). II - É válido o recurso assinado, ao menos, na petição de apresentação ou nas razões recursais". Na verdade, o recurso será *inadmissível* por ser inexistente, do ponto de vista jurídico.

Como asseveramos, no início, a análise da casuística legal acerca das situações de nulidade, de anulabilidade e de inexistência dos atos processuais teve, de nossa parte, o objetivo de permitir uma aplicação prática dos conceitos que enunciamos sobre esses vícios. O assunto, entretanto, é intensamente polêmico, e, por esse motivo, devemos dizer que temos consciência de que não se encontrava em nossas mãos a pedra lígia da verdade ao empreendermos esse esquadrinhamento taxinômico do texto legal.

4. Princípios moderadores

Ao longo deste Capítulo, estivemos a dedicar-nos ao sistema das nulidades dos atos processuais; mesmo assim, aludimos, sucessivas vezes, a determinados princípios, por nós chamados de moderadores desse sistema. A função desses princípios é a de evitar a decretação da nulidade do ato, de um conjunto de atos ou de todo o processo; move-a o alteroso propósito político de evitar a perda, o dispêndio de atividade jurisdicional, que tão caro sai para o Estado e, máxime, para as partes.

São, fundamentalmente, quatro esses princípios, a saber: a) da transcendência; b) da instrumentalidade; c) da convalidação e d) da proteção. Passemos a examiná-los.

a) Transcendência

Constitui, como já acentuamos, a viga mestra de todo o conjunto de princípios destinados a moderar o sistema das nulidades processuais. Diz-se, por ele, que não haverá nulidade se inexistir prejuízo para a parte que a alega (*pas de nullité sans grief*). Sua sede legal são os arts. 794 da CLT e 282, § 1º , do CPC. Significa, por outras palavras, que o prejuízo é a medida da nulidade. Sem aquele, esta não deve ser decretada.

Esse princípio, entretanto, não incide naquelas situações em que, mesmo não tendo ocorrido prejuízo para a parte, a violação foi de norma de ordem pública, que, em virtude disso, não entram no poder de disposição, que, em determinados casos, a lei atribui aos litigantes.

Digamos, *e. g.*, que o juiz tenha indeferido algumas reperguntas feitas por uma das partes, embora não devesse fazê-lo, em razão de elas serem oportunas, pertinentes e relevantes para a elucidação dos fatos controvertidos. Em razões finais, argui-se a nulidade processual a partir do instante em que ocorreram ditos indeferimentos. A sentença, porém, é totalmente favorável à parte que teve rejeitadas as suas reperguntas. Nessa hipótese, o ato do juiz, consistente no mencionado indeferimento, não acarretou, a final, nenhum prejuízo à parte, pois as suas pretensões foram acolhidas, por inteiro, pelo provimento jurisdicional. Logo, inexistiu qualquer nulidade. Conquanto reconheçamos que, por força de princípio, o interesse em recorrer esteja subordinado ao fato de a parte ficar vencida, na causa — de tal arte que se ela for vencedora não possuirá interesse em impugnar a decisão —, devemos ponderar que há situações, reveladas pelas experiências da vida, que sugerem abrir-se uma exceção a esse princípio, sem invalidá-lo. Digamos que o empregado tenha pretendido produzir prova testemunhal, destinada a demonstrar a veracidade da jornada de trabalho mencionada na petição inicial, e contestada pelo réu, e o juiz, por qualquer motivo, haja indeferido a produção dessa prova, fazendo com que o empregado manifestasse seu "protesto" ou arguisse a nulidade processual no momento das razões finais. A sentença, todavia (e de forma surpreende), é favorável ao empregado, acolhendo o seu pedido de horas extras ao fundamento de que, não havendo, o réu, juntado aos autos os registros da jornada (a que estava obrigado), presume-se verdadeira a jornada indicada na inicial. Trata-se, à evidência, de uma tese. Diante disso, o empregado poderia interpor recurso, visando a obter uma declaração de nulidade da sentença, por restrição ao direito de defesa, consistente no ato pelo qual o juiz impediu o autor (empregado) de produzir prova testemunhal. É evidente que o episódio, narrado sem maiores explicações, poderia parecer, aos olhos dos pensadores ortodoxos, algo surrealista, pois — haver-se-ia de indagar — que interesse possuiria o empregado, neste caso, uma vez que foi totalmente vencedor na causa? Eis a questão. Ocorre que, ao deixar a situação como estava, o empregado poderia ver a sentença modificada pelo tribunal, em decorrência de recurso interposto pela parte contrária, cujo acórdão repeliria a tese adotada pela sentença, diria da absoluta ausência de prova quanto à jornada de trabalho aludida na inicial e declararia indevidas as horas extras. Justamente para evitar isso, é que o empregado, mesmo tendo sido vencedor em primeiro grau, possuiria interesse em recorrer da sentença, para, obtendo uma declaração de nulidade do processo, poder produzir a prova testemunhal de que dispunha e, deste modo, ensejar a que o acolhimento do seu pedido de horas extras, pela nova sentença, se funde em prova efetiva, cabal, por forma a permitir que a sentença favorável possa, agora, resistir a uma impugnação via recurso ordinário.

Uma sentença sem fundamento, por exemplo, que tenha sido inteiramente favorável ao autor, deverá ter a sua nulidade pronunciada, pois a motivação, como vimos, traduz elemento essencial para a validade desse ato e sua exigência vem da própria Constituição da República (art. 93, IX). Expliquemo-nos melhor. Na hipótese, poderá o próprio autor arguir a nulidade da sentença, embora tenha sido vencedor na causa. O seu *interesse processual* (CPC, art. 17) reside na possibilidade de a parte contrária recorrer pelo mesmo motivo, ou, até mesmo, ingressar, mais tarde, com ação rescisória, com fulcro no art. 966, V, do CPC. O recurso do autor poderá ser autônomo ou adesivo.

O importante a ser registrado é o fato de o princípio da *transcendência* não poder atuar quando a norma violada expressar um interesse público; inversamente, esse princípio poderá — e, sobremaneira, deverá — atuar quando a norma desrespeitada for daquelas que tutelam, essencialmente, interesses particulares. Sob esse ângulo, inexistirá razão jurídica, ou política, para decretar-se a nulidade de um ato que não trouxe nenhum prejuízo, direto ou indireto, mediato ou imediato, para a parte que a alega. Ressalve-se, apenas, o seu interesse processual nas situações em que, como demonstramos, o prejuízo poderá não se manifestar de imediato, mas somente, algum tempo depois. Cuida-se, pois, de *prejuízo diferido*.

b) Instrumentalidade

Conquanto a lei prescreva determinada forma, para a validade do ato, sem a cominação de nulidade, este valerá (e terá eficácia) se, praticado de forma diversa, atingir a mesma finalidade. Dele se ocupam os arts. 188 e 277 do CPC. A despeito de a CLT ser omissa quanto ao princípio em exame, a sua aplicação ao processo do trabalho é indiscutível, dada a (ainda que relativa ou aparente) simplicidade do procedimento que a este corresponde.

O princípio em estudo consagra, ainda que de maneira implícita, o reconhecimento de que as formas processuais não representam um fim em si mesmas, senão que um meio (= sentido instrumental) de atribuir legalidade extrínseca aos atos do procedimento.

A realidade prática revela que esse princípio foi amplamente assimilado pelo processo do trabalho, onde, dentre outras coisas, vem sendo aceita a resposta escrita (exceção, contestação, reconvenção) do réu, quando deveria, segundo a lei, ser apresentada oralmente, em audiência (CLT, art. 847).

Com efeito, a defesa do réu, por lei, deve ser aduzida *oralmente*, tanto que o art. 847 da CLT lhe defere o tempo de vinte minutos para isso; nada obstante, as defesas, como soem acontecer, são apresentadas por escrito, sem que se saibam de arguições de nulidade, efetuadas pelos autores, pela não-observância da *forma legal* (oral). Ainda que a arguição fosse feita, haveria de ser rechaçada em decorrência da invocação do princípio que estamos a examinar. A propósito, a razão pela qual se constituiu a praxe de aceitar defesas escritas é elementar: essa forma interessa não só ao réu, mas ao próprio juiz. Ao réu, porque este prefere elaborar, previamente, a resposta, em seu escritório, cercado de todos os recursos tecnológicos que a informática lhe propicia, inclusive quanto a coletâneas de jurisprudência e de doutrinas, a fazê-lo, oralmente, em meio à algaravia e à turbulência que caracterizam as audiências trabalhistas; ao juiz, porque economiza tempo, bastando ver que não necessita conceder vinte minutos para cada réu elaborar a defesa, fato que faria com que a pauta contivesse um número de audiências muito inferior ao que é, usualmente, nela inserido.

O mesmo fenômeno vem ocorrendo quanto às razões finais, que passaram a ser apresentadas, com a tolerância de alguns juízes, sob a forma escrita, por influência do processo civil (CPC, art. 364, § 2º). Pessoalmente, temos certa restrição a isso, por entendermos que as razões finais orais não podem ser *substituídas* pelas escritas, pois aquelas devem ser aduzidas em audiência (CLT, art. 850, *caput*), ao passo que estas, em regra, são apresentados na secretaria do juízo; logo, depois de a segunda proposta de conciliação haver sido formulada — circunstância que assinala o sentido tumultuário do procedimento, de que se reveste essa prática inovadora. O que se poderia permitir é a apresentação de memoriais, sem prejuízo de serem formuladas, antes, de maneira oral, razões finais.

É necessário advertir, contudo, que a nulidade deverá ser pronunciada se a inobservância da forma prescrita em lei acarretar manifesto prejuízo a uma das partes, ou, eventualmente, a ambas, ou, ainda, implicar uma injustificável discriminação processual, como quando, p. ex., o juiz exigir que o autor apresente as suas razões finais, oralmente, em audiência, permitindo, no entanto, ao réu oferecer memorial escrito, posteriormente à audiência, ou seja, em prazo maior. Neste caso, teria ocorrido quebra do dever de imparcialidade, a que o magistrado está subjugado, por força do disposto no art. 139, I, do CPC.

Tirante situações como a narrada, que evidenciam tratamento judicial discriminatório, a observação mais importante a ser feita, a respeito do assunto com o qual estamos a nos ocupar, é de que o processo do trabalho não deve ser visto como o "reino das formas", título que, talvez, possa calhar bem ao processo civil, menos preocupado com a informalidade e a simpleza dos atos do procedimento.

A praxe judiciária, a propósito, em elogiável atitude zetética, tem dado alguns passos adiante, rumo à plena consagração do princípio da instrumentalidade. Mencione-se, com exemplo, a citação ou intimação de réu estabelecido ou domiciliado em comarca distinta daquela em que a ação foi proposta, cujo ato é realizado via postal e não mediante carta precatória. O processo civil, aliás, tem seguido os passos inovadores do processo do trabalho. Como corolário desta afirmação, note-se que o art. 222, do CPC revogado, em sua redação primitiva, dispunha que "A citação pelo correio só é admissível quando o réu for comerciante ou industrial, domiciliado no Brasil". Mais tarde, contudo, mediante elogiável concessão ao princípio da simplicidade, próprio do processo do trabalho, deu-se a esse dispositivo legal nova redação, segundo a qual a citação pelo correio poderia ser efetuada "para qualquer comarca do País", salvo nos poucos casos que especificava (art. 222, letras "*a*" a "*f*"). Em termos gerais, o atual CPC manteve essa disposição (art. 247, I a V).

Voltemos à realidade do processo do trabalho, para repisar a observação de que, a despeito de, em determinados casos, não se observar a forma legal, o ato atingir o objetivo desejado por lei, não se pronunciará a nulidade; a única possibilidade de o desvio da moldura legal conduzir à declaração de nulidade seria se disso resultasse manifesto *prejuízo* ao réu, cabendo a este, por certo, a prova do fato.

c) Convalidação

Exprime a noção de que a nulidade pode ser sanada pelo consentimento, ainda que tácito, da parte contrária, salvo se decorrer de quebrantamento de norma de ordem pública. A doutrina costuma indicar os arts. 795, da CLT e 278, do CPC, como fonte legal desse princípio. Na verdade, porém, o princípio da convalidação, segundo o seu conceito doutrinal, não está previsto em nenhum desses textos legais. O que, nesses dispositivos legais se menciona, é o momento em que a parte interessada deve alegar a nulidade, sob pena de preclusão temporal, o que é coisa diversa. O princípio da convalidação, em rigor, emana de uma regra processual ampla, que se encontra espraiada por diversos pontos do digesto de processo civil, segundo a qual o silêncio de uma das partes faz gerar a aceitação do ato realizado pela outra, ou induz à presunção de veracidade dos fatos narrados por esta. É, pois, nessa moldura que se encaixa o princípio da convalidação, com a singularidade de que, aqui, o silêncio da parte tem eficácia convalidadora do ato praticado pelo adversário, observadas as restrições que apontamos.

Feito o reparo, duas inferências de ordem prática podem ser extraídas do princípio da convalidação: a) a nulidade relativa pode ser sempre sanada pela anuência do adversário; b) a absoluta, nunca. No primeiro caso, o assentimento validador pode ser tácito, ou expresso. *Tácito* ocorreria, *e. g.*, quando o réu deixasse de arguir, mediante exceção, a incompetência relativa do juízo, fazendo com que, pelo silêncio, a competência fosse deslocada para este. *Expresso*, quando o réu (ou o próprio autor) externasse a sua concordância no tocante a um ato realizado em desacordo com a lei, desde que esta não estivesse tutelando um interesse público.

Em rigor, não há, na CLT ou no CPC, uma norma específica, na qual se possa afirmar estar presente o princípio da convalidação, segundo o seu enunciado na doutrina ("a nulidade pode ser sanada pelo consentimento, mesmo tácito, da parte contrária"). Na verdade, esse princípio está *insinuado* nos arts. 795, *caput*, da CLT, e 241, *caput*, do CPC, ao exigirem que a nulidade seja alegada na primeira oportunidade em que parte tiver de manifestar-se em audiência ou nos autos (CLT, "sob pena de preclusão") (CPC).

Essa imposição legal possui base lógica. Realmente, o vocábulo "processo" traz, em si, sob o aspecto etimológico, a ideia de "marcha à frente", de "seguir adiante". Sendo assim, concebeu-se a figura da *preclusão* para evitar a volta a fases anteriores do procedimento, para impedir-se o *retrocesso*. Por esse motivo, se a parte deixar de arguir a nulidade, na primeira ocasião em que tiver de falar nos autos ou em audiência, estará configurada a preclusão "temporal", que a impedirá de alegar, mais tarde, a nulidade, perante o tribunal. Que a impedirá, enfim, de alegar a nulidade na mesma relação processual. Talvez, somente em sede de ação rescisória possa vir a obter a nulificação do processo.

d) Proteção

Significa que a nulidade só será decretada se não for possível suprir-se a falta ou repetir-se o ato (CLT, arts. 796, "*a*"; CPC, arts. 276 e 282, § 2º).

Se, por exemplo, o juiz deixar de conceder à parte prazo para aduzir razões finais, o próprio juiz estará autorizado a converter o julgamento em diligência, para que a falta seja suprida.

O princípio em estudo somente faz sentido, como se percebe, se for aplicado antes do julgamento, pois o seu escopo é, exatamente, o de evitar a pronúncia de nulidade. E essa pronunciação é feita quando do julgamento. Dessa maneira, estamos a sustentar que se o juiz de primeiro grau não mandasse suprir a falta, nem repetir o ato, quando essas providências fossem necessárias, o tribunal, caso desse provimento ao recurso da parte prejudicada, no exemplo mencionado, deveria decretar a nulidade do processo, a contar do momento em que a falta não fosse suprida, ou o ato, repetido. Logo, não poderia o tribunal fazer uso do princípio da proteção, na espécie em exame, pois esse princípio é, teleologicamente, inconciliável com o decreto de nulificação do processo — decreto que ele visa, justamente, a evitar.

Todavia, o § 1º, do art. 938, do CPC, estabelece que "Constatada a ocorrência de vício sanável, inclusive aquele que possa ser conhecido de ofício, o relator determinará a realização ou a renovação do ato processual, no próprio tribunal ou em primeiro grau, intimadas as partes; § 2º cumprida a diligência de que trata o § 1º, o relator, sempre que possível, prosseguirá no julgamento do recurso".

A respeito desta norma legal, algumas observações devem ser feitas: a) em primeiro lugar, ela é aplicável a todo e qualquer recurso — e, não mais, apenas ao de apelação, conforme constava do texto legal revogado (art. 515, § 4º); b) em segundo, ela só incide nos casos de nulidade sanável (ou suprível); c) em terceiro, constitui um incidente no julgamento do recurso; d) em quarto, traduz um dever do relator, e não uma sua faculdade; e) em quinto, não será possível a aplicação da referida norma em todos os casos, a cuja conclusão se chega em decorrência da ressalva legal: "sempre que possível".

Revelados os princípios a que denominamos de *moderadores do sistema das nulidades processuais*, cabe-nos expender uma nota final sobre o problema da arguição da invalidade dos atos do processo. Tanto o processo do trabalho (CLT, art. 796, "*b*") quanto o civil (CPC, art. 276) contêm regra de que a nulidade não pode ser alegada por quem lhe tenha dado causa. De certa forma, é a aplicação do apotegma *nemo allegans propriam turpitudinem auditur*, oriundo do direito romano, concebido para combater o dolo processual. Não é ético, portanto, que alguém, tendo sido o causador da nulidade, venha a alegá-la em seu benefício. Fosse isso possível, estaria a tirar proveito da própria torpeza.

Essa regra, no entanto, só pode ser aplicada às anulabilidades (e, também, às meras irregularidades), na medida em que as nulidades (absolutas) podem e devem ser decretadas pelo juiz, *ex officio*, em virtude de serem derivantes de infração a normas de ordem pública. Destarte, mesmo que a parte tenha dado causa à nulidade, nada a impede de alegá-las em juízo, ainda que venha a ser beneficiada pelo decreto jurisdicional de nulificação do ato. O regime das nulidades não é igual ao das anulabilidades.

A par dos princípios examinados, situam-se alguns preceitos legais, de grande utilidade para a matéria relativa às nulidades processuais. Um deles estabelece que anulado o ato serão reputados de nenhum efeito todos os subsequentes, que dele dependerem (CPC, art. 281); sob outro aspecto, diz-se que a nulidade de uma parte do ato não contaminará as outras, que dela sejam independentes (*ibidem*). A exata compreensão desse preceito recomenda que se lembre a classificação doutrinária dos atos processuais em três espécies: a) simples; b) compostos; c) complexos.

Os atos *simples* são os que têm existência isolada, vale dizer, em si mesmos; para a sua validade nada mais se exige que a atividade da parte. Os *compostos* (ou complexos), ao contrário, são constituídos pela aglutinação de vários atos simples, sem que estes percam a sua individualidade, motivo pelo qual duas ordens de efeitos jurídicos caracterizam esses atos: os efeitos provenientes de cada ato unitário e os efeitos decorrentes do conjunto deles. Os atos *compostos*, segundo *Carnelutti*, se apresentam como uma variedade dos atos simples (ou singulares), distinguindo-se em sua forma, no sentido de que para produzirem o efeito jurídico é necessário não apenas uma só ação, mas uma multiplicidade de ações.

No tribunal, a arguição de nulidade será apreciada preliminarmente, ou seja, antes do exame do mérito, deste não se conhecendo se incompatível com a decisão tomada em relação àquela (CPC, art. 938, *caput*). Sendo a nulidade sanável, o órgão *ad quem*, havendo necessidade, converterá o julgamento em diligência, determinando a realização ou a renovação do ato processual, no próprio tribunal ou em primeiro grau de jurisdição, intimadas as partes (*idem*, *ibidem*, § 1º).

Mesmo sendo o caso de nulidade suprível, a regra da conversão do julgamento em diligência não vem sendo, no geral, observada pelos tribunais trabalhistas; no plano ideal, seria desejável que o fosse, como medida tendente a evitar uma demora angustiante na formação da coisa julgada, pois a pronúncia de nulidade traz a consequência danosa de implicar a invalidade do processo a contar do ato inquinado — ao passo que a conversão do julgamento em diligência teria o efeito benéfico de acarretar, unicamente, a sanação do ato imprestável.

Se a preliminar de nulidade for rejeitada, ou se a apreciação do mérito não for com ela incompatível, iniciar-se-á a discussão e o julgamento da matéria principal, pronunciando-se a respeito desta os juízes vencidos na preliminar (CPC, art. 939).

5. Vícios formais da sentença

Parece ter ficado claro, a esta altura de nossa exposição, que a sentença representa o acontecimento máximo do processo, porquanto todos os atos integrantes do procedimento, a começar da petição inicial, se destinam a preparar o provimento jurisdicional de fundo, que solucionará o conflito de interesses. Para a sentença de mérito convergem, dessa forma, em um movimento centrípeto, todos os atos do procedimento, legalmente preordenados, que, por isso, não constituem um fim em si mesmos, senão que estádios teleologicamente concatenados, que irão culminar com a sentença. Daí por que esta constitui, sem dúvida, o coroamento do processo, o seu fastígio e, do ponto de vista axiológico, o seu ato mais importante.

Exatamente para que a entrega da prestação jurisdicional se realize de maneira juridicamente correta, é que a sentença deve apresentar-se formalmente escorreita, vale dizer, sem eivas que lhe comprometam a validade e a eficácia.

Conforme demonstramos nas páginas antecedentes, os atos processuais em geral podem conter vícios que, segundo a gravidade destes, os tornam nulos, anuláveis ou inexistentes. Em princípio, a sentença pode apresentar quaisquer dessas falhas, motivo por que poderíamos pensar em sentenças nulas, anuláveis e inexistentes. A doutrina, entretanto, tem manifestado preferência pela distribuição desses vícios em classes um pouco distintas, compreendendo as sentenças nulas, as rescindíveis e as inexistentes. Se bem examinarmos, veremos que esta classificação não difere, essencialmente, da anterior, pois o ponto de dessemelhança de ambas está localizado, apenas, nas sentenças anuláveis ou rescindíveis. Em todo caso, como não há ação anulatória de sentença, pensamos que será, efetivamente, mais apropriado cogitar-se de sentenças: a) nulas; b) rescindíveis e c) inexistentes, embora essa classificação não seja imune a críticas, como se verá, no momento apropriado.

6. Sentenças nulas

Uma sentença pode ser nula em decorrência de vício existente:

a) nela própria; b) fora dela. No primeiro caso, o vício é endógeno (ou interno ou intrínseco); no segundo, exógeno (ou externo ou extrínseco).

Podem ser indicados como exemplos de vícios *endógenos*, dentre outros:

6.1. Julgamento *infra, ultra* ou *extra petita*

Como ficou exposto em linhas anteriores, um dos requisitos de dicção da sentença é a adequação (a que alguns autores estrangeiros denominam de *congruência*), consistente na necessidade de a sentença ater-se aos pedidos formulados pelos litigantes. Essa exigência, concebida pelo Direito Romano (*ne eat iudex ultra petita partium; ne eat iudex extra petita partium; ne eat iudex citra petita partium*), está inscrita nos arts. 141 e 492 do CPC e se justifica pela necessidade de a sentença, como resposta jurisdicional às pretensões deduzidas em juízo pelas partes, não poder conceder a elas mais, menos ou fora do que foi postulado. Em rigor, a sentença *infra* (ou *citra) petita* nem sempre defere menos do que a parte pleitou e, sim, deixa de apreciar algo que foi pedido. Essa omissão jurisdicional é que dá a falsa aparência de que foi concedido menos; trata-se de um fenômeno físico semelhante ao da imagem refletida na superfície dos lagos: o que se vê não é o objeto em si, mas a sua reflexão na superfície da água.

No julgamento *ultra* ou *extra petita* há, realmente, um conceder que excedeu aos limites definidos pelo pedido formulado pelos litigantes. Nestes casos, o conceder (como dicção jurisdicional) é real, embora viciado pelo excesso; no julgamento *citra petita*, a aludida concessão, em muitos casos, é meramente imaginária — em que pese ao fato de, em termos práticos, não ser relevante essa separação de situações.

Será *infra petita* a sentença que: a) ignorar a existência de um ou mais pedidos; b) ao apreciá-los, concedê-los quantitativamente inferior ao previsto em lei, como se daria, por exemplo, no caso de o empregado postular horas extras com o adicional de 50% (CF, art. 7º , XVI) e a sentença as conceder com o percentil de 25%.

O fundamento da *adequação* (ou da congruência) da sentença, enfim, está no poder dispositivo das partes que, em virtude disso, têm a faculdade de estabelecer os limites objetivos da lide, o que revela a possibilidade de pedirem menos do que eventualmente tenham direito, não sendo lícito ao juiz, por isso, desprezar esses limites, para conceder ultra, *infra* ou *extra petita.* Podemos dizer, por outras palavras, que a sentença deve encaixar-se, com absoluto rigor, na moldura dos pedidos formulados pelos litigantes, não se incluindo nessa regra, por certo, os denominados *pedidos implícitos* (correção monetária, juros da mora, honorários advocatícios, etc.) e as matérias que o juiz deva conhecer *ex officio* (CPC, arts. 64, § 1º , 485, § 3º , e outros), bem como os pedidos fundados em direito assegurado por norma legal. O binômio petição inicial/resposta representa, assim, o estalão pelo qual se verificará se a sentença não feriu o sobredito princípio da adequação, sob pena de o excesso ser extirpado, ou a falta, suprida.

Seria, porém, nula, a sentença que acolhesse o pedido por fundamento diverso do indicado pelo autor? O assunto comporta larga polêmica, notadamente no terreno do direito processual do trabalho, onde, não raro, são brandidos, pelos que respondem de modo afirmativo à indagação posta, determinados princípios, como o da simplicidade. Embora a simplicidade do procedimento esteja, hoje, reduzida a simples expressão retórica, pois o procedimento trabalhista, na prática, é extremamente complexo, não pode ser invocado como pretexto para deitar por terra certos princípios constitucionais de reconhecida preeminência, como o da ampla defesa. Considerando todos esses aspectos, entendemos ser conveniente enunciar a regra segundo a qual o juiz estará autorizado a acolher o pedido, por fundamento diverso do apontado pela parte, se essa espécie de "fungibilidade" da *causa petendi* não acarretar prejuízo ao adversário. Para exemplificar: se o autor pede a sua reintegração no emprego e indica como fundamento determinada norma legal, e o juiz acolhe o pedido por entender que a estabilidade está prevista em cláusula de instrumento normativo (acordo, convenção, acórdão), existente nos autos, e não na norma legal indigitada pela parte, a liceidade dessa substituição de fundamento estará vinculada, diretamente, às consequências que possa ter produzido no direito de ampla defesa, que a própria Constituição Federal assegura ao réu (art. 5º , LV). É imprescindível, enfim, que não se ponha acima dessa regra constitucional o princípio de origem romana, de acordo com o qual à parte cabe narrar (com fidelidade) os fatos, e, ao juiz, proceder à categorização jurídica desses fatos, ou seja, subsumi-los ao direito aplicável (*da mihi factum, dabo tibi ius).*

É elementar que a análise dessa conformação da sentença aos pedidos deve ser feita mediante o confronto destes com o dispositivo (*decisum*), nunca, com a fundamentação. Somente aquele, como regra, passa em julgado (CPC, art. 504). Assim, se, na motivação, a sentença concedeu *infra, ultra* ou *extra petita*, mas, na parte dispositiva, a entrega da prestação jurisdicional foi feita segundo os padrões estabelecidos pela inicial e pela resposta, não haverá vício a ser sanado, pois o que importa, para esse efeito, é o *decisum*, não a fundamentação. Afinal, é no dispositivo em que o juiz dirá se está condenando o réu, ou absolvendo-o (*vel condemnatione vel absolutione contingit*).

6.2. Falta de fundamentação

Viemos, até aqui, afirmando, com insistência, que sentença sem fundamentação é nula. E isso é absolutamente verdadeiro, se considerarmos o disposto nos arts. 93, IX, da Constituição Federal; 832, *caput*, da CLT, e 489, II, do CPC. A preocupação política de evitar que as sentenças fossem produto da arbitrariedade dos juízes, um seu ato de prepotência ou de tirania, fez com que a Constituição da República em vigor, numa inovação justificável, e, até certo ponto, surpreendente (pois não é próprio do constituinte ocupar-se com minúcias processuais), impusesse ao juiz a indicação das razões jurídicas pelas quais formou o seu convencimento, num ou noutro sentido.

A fundamentação tem, em razão disso, essa finalidade jurídico-política de demonstrar ao vencido os motivos pelos quais foi condenado, ou o seu pedido foi rejeitado. Não é difícil perceber que essa parte essencial da sentença possui estreitas ligações com os princípios e os ideais democráticos, pois as decisões arbitrárias só convêm aos regimes com vocação ditatorialesca. Mesmo assim, o ditador costuma "fundamentar", segundo sua conveniência, os seus atos, os seus decretos... Portanto, o que hoje se exige das sentenças é que possuam fundamentação *jurídica*.

Isso não significa, entrementes, que se deva aplicar ao processo do trabalho a regra inscrita no § 1º, do art. 489, do CPC, que considera *não fundamentada* a decisão que deixar de atender aos requisitos expressos nos incisos I a VI, daquele preceptivo legal. A CLT não é omissa sobre o tema, como evidencia o seu art. 832, *caput*.

Talvez deva ser dito que sentença destituída de fundamentação não é, apenas, nula, mas, acima de tudo, constitucionalmente nula, porquanto nessa assertiva se insinua uma exigência política de sua presença nas decisões, sentenças ou acórdãos.

Uma linha muito tênue, contudo, separa as sentenças sem fundamentação daquelas em que a fundamentação é insuficiente ou concisa, fazendo com que se torne, na prática, muitas vezes, tormentosa a definição a respeito do assunto. Uma sentença, por exemplo, pode estar satisfatoriamente fundamentada, ainda que de maneira lacônica; todavia, uma fundamentação longa pode ser insuficiente para atender à finalidade legal para que foi instituída. Tem-se dito que o critério a ser utilizado em tais casos é o da persuasão. Assim, se a motivação da sentença, ainda que concisa, é efetivamente persuasiva, vale dizer, convence juridicamente quanto ao acerto dos caminhos trilhados pelo pensamento do magistrado, para chegar à decisão, não se há que cogitar de nulidade do pronunciamento jurisdicional. Se, ao contrário, a fundamentação, apesar de extensa, é desapercebida do poder de persuasão, a nulidade deverá ser decretada. *Data vênia,* o fato de a fundamentação ser persuasiva, ou não, nada tem a ver com o problema de sua suficiência ou insuficiência, para os efeitos de determinar-se a validade ou a nulidade da sentença. Uma sentença indiscutivelmente bem fundamentada, *v. g.*, pode não convencer o intérprete quanto à exatidão dos argumentos empregados pelo magistrado, pois o intérprete pode ter uma convicção jurídica oposta à manifestada na fundamentação. Destarte, não se poderia, só por isso, pronunciar a nulidade da sentença; esta, no caso, estaria satisfatoriamente fundamentada, ainda que em desacordo com a opinião doutrinária ou jurisprudencial predominante, acerca do tema por ela examinado.

O que se deve levar em conta, conforme entendemos, para o fim de definir se a sentença está convenientemente fundamentada, é o fato de as razões e os argumentos manejados pelo juiz serem juridicamente sustentáveis, ainda que, como dissemos, estejam, eventualmente, em dissonância com a orientação em voga na doutrina e na jurisprudência. Afinal, a História do pensamento humano está repleta de opiniões heterodoxas que, tempos depois, se tornaram prevalecentes, seja pela excelência dos argumentos em que se basearam, seja por motivos de ordem política e o mais. Se, portanto, os argumentos do magistrado podem ser sustentados segundo uma visão razoável do direito formal ou do consuetudinário, ou da analogia, ou dos princípios gerais, a sentença estará adequadamente fundamentada, razão por que não deverá merecer um decreto jurisdicional de nulidade, em que pese ao fato de poder ser reformada.

Pode ocorrer, em determinados casos, de a sentença estar equivocadamente fundamentada, situação que não se confunde com a da sentença insuficientemente fundada ou fundamentada de modo conciso, que acabamos de examinar. A sentença apresenta motivação equívoca quando se baseia, *e. g.*, em norma legal inaplicável à espécie, embora o direito alegado pela parte exista. Excluídas situações excepcionais, o erro na indicação dos fundamentos legais da sentença não conduz, necessariamente, à sua nulidade. Ela não estará, na hipótese, sem fundamentação, nem motivada de modo insuficiente, senão que equivocadamente fundamentada, pois estamos a pressupor que o litigante, por ela beneficiado, possua o direito invocado. Por outro lado, mesmo que o raciocínio desenvolvido pelo magistrado (agora, calcado em dispositivos legais pertinentes) seja ilógico, incoerente, confuso, inexistirá nulidade, pois essa falha de expressão do julgador poderá ser corrigida mediante embargos declaratórios, sem prejuízo de a sentença vir a ser substituída ("reformada", conforme a linguagem habitual) pelo acórdão, em grau de recurso.

Já a sentença sem dispositivo não é nula, mas inexistente. Por esse motivo, iremos tratar do assunto mais adiante, quando nos ocuparmos, em item específico, com essa particular forma de não-ser da sentença ou do acórdão.

Os vícios *exógenos*, por sua vez, como a própria denominação está a indicar, são os que nascem fora da sentença e, contaminando o processo, atingem-na plenamente. Assim, se o processo for declarado nulo, digamos, em virtude de não se haver assegurado ao réu o seu direito de defesa, a sentença aí proferida, será também nula. Sob o rigor lógico, como se pode perceber, a sentença, considerada em si mesma, no exemplo referido, não é nula (supondo-se que tenha atendido a todos os requisitos estabelecidos em lei, para a sua validade). A sua nulificação decorre, na verdade, do fato de o processo ser nulo, a contar de um momento antecedente a ela, ou seja, daquele em que o juiz teria cerceado o direito de defesa do réu. Como esse ato judicial e os posteriores constituem um pressuposto lógico da sentença, é elementar que, pronunciada a nulidade daqueles, esta será afetada por essa decretação. Seria insensato imaginar que, na espécie, mesmo sendo nulos os atos que a antecederam, a sentença poderia sobreviver à declaração de nulidade. Em alguns casos, aliás, passa-se o inverso: a decretação de nulidade atinge, apenas, os atos decisórios, com o que ficam indenes os que não possuam essa natureza, como ocorre, *v. g.*, com a incompetência absoluta (CPC, art. 113, § 2º). Mesmo assim, essa regra não é inflexível, pois o juízo competente poderá determinar, por exemplo, a realização de provas, se entender que as produzidas no juízo incompetente são insatisfatórias.

Os vícios exógenos, de que estamos a cuidar, consistem, portanto, em um reflexo, na sentença, da decretação de nulidade do processo. Podemos, por isso, cogitar de uma espécie de "nulidade reflexa" da sentença, para contrapô-la à "nulidade direta", esta caracterizada pela existência de vício fatal no corpo do próprio julgado.

Para que não nos percamos em questiúnculas, estabeleçamos a seguinte regra: seja em virtude de vícios endógenos ou exógenos, de acordo com o conceito que formulamos, a sentença ou o acórdão serão nulos, rendendo ensejo, quase sempre, ao exercício da ação rescisória.

Esta nossa afirmação serve, não somente, para enunciar a mencionada regra, como, também, de ponto de contato com o item seguinte, onde iremos nos debruçar sobre o problema das sentenças rescindíveis.

7. Sentenças rescindíveis

Em geral, a rescindibilidade da sentença de mérito provém de uma nulidade que esteja a infectá-la. Essa nulidade, por seu turno, pode emanar, como vimos, de vícios endógenos ou exógenos.

São rescindíveis, em decorrência de vícios *endógenos*, as sentenças (assim como as demais decisões de mérito):

a) proferidas com violação manifesta de norma jurídica (CPC, art. 966, V). Aqui, encaixam-se, entre outros, os arts. 489, 492, parágrafo único, do CPC, porquanto a norma legal, cuja infringência autoriza o exercício da ação rescisória, pode ser, também, de natureza processual;

b) fundadas em erro de fato verificável do exame dos autos (*ibidem*, VIII). Rescindem-se, em função de vícios exógenos, as sentenças: a) dadas por prevaricação, concussão ou corrupção do juiz. A *prevaricação* (do latim *praevaricatio*, de *praevaricari*, faltar ao dever, afastar-se do dever), em nosso sistema de Direito Penal, figura como um dos crimes praticados por funcionário público (conquanto o juiz não o seja) contra a administração pública em geral, consistente em "retardar ou deixar de praticar, indevidamente, ato de ofício, ou praticá-lo contra disposição expressa de lei, para satisfazer interesse ou sentimento pessoal" (CP, art. 319). A *concussão* (do latim *concussio*) é, igualmente, crime praticado por funcionário público e se caracteriza pelo ato de "exigir, para si ou para outrem, direta ou indiretamente, ainda que fora da função ou antes de assumi-la, mas em razão dela, vantagem indevida" (CP, art. 316). A *corrupção* (do latim *corruptio*, de corrumpere, pôr a perder, estragar, destruir, corromper) compreende as formas ativa e passiva. É desta que trata o art. 317 do Código Penal: "Solicitar ou receber, para si ou para outrem, direta ou indiretamente, ainda que fora da função ou antes de assumi-la, mas em razão dela, vantagem indevida, ou aceitar promessa de tal vantagem";

c) proferidas por juiz impedido ou juízo absolutamente incompetente CPC art. 996, II).

c.a.) Impedimento

O impedimento representa um veto legal absoluto à atuação do juiz no processo ("sendo-lhe vedado", declara o art. 144, *caput*, do CPC), e se destina a preservar o seu dever de imparcialidade na solução dos conflitos de interesses.

Não importa que um juiz impedido seja rigorosamente imparcial, justo, equânime: a lei não foi feita apenas para este ou para aquele juiz senão que para a universalidade dos julgadores. Por esse motivo, a norma legal presume a parcialidade do juiz impedido; essa presunção não é relativa (*iuris tantum*) e sim absoluta (*iure et de iure*), motivo por que não se há como pretender elidi-la; ela constitui, mesmo, um dos instrumentos de garantia do devido processo legal (*due process of law*) — um dos traços marcantes dos Estados democráticos; mais do que isso, um seu sustentáculo.

O impedimento é, pois, um vício subjetivo que a lei atribui ao julgador.

A fim de evitar certas controvérsias de ordem prática, doutrinária e jurisprudencial, o legislador procurou relacionar os casos de impedimento, embora reconheçamos que esse rol não é, rigorosamente, exaustivo. Dispõe o art. 144 do CPC ser proibido ao juiz exercer as suas funções no processo:

1) em que interveio como mandatário da parte, oficiou como perito, funcionou como órgão do Ministério Público, ou prestou depoimento como testemunha;

2) que conheceu em outro grau de jurisdição, tendo-lhe proferido decisão;

3) quando nele estiver postulando, como defensor, advogado ou membro do Ministério Público, seu cônjuge ou companheiro, ou qualquer parente, consanguíneo ou afim, em linha reta ou colateral, até o terceiro grau, inclusive. O impedimento do magistrado também ocorre no caso de procuração outorgada a membro de escritório de advocacia que possua em seus quadros advogado que individualmente ostente a condição prevista no inciso III do art. 144, ainda que não intervenha, de maneira direta, no processo.

4) quando ele próprio ou seu cônjuge, companheiro ou parente, consanguíneo ou afim, em linha reta ou na colateral, até o terceiro grau, inclusive, for parte no feito;

5) quando for sócio ou membro de direção ou de administração de pessoa jurídica, parte na causa;

6) quando herdeiro presuntivo, donatário ou empregador de alguma das partes;

7) em que figure como parte instituição de ensino com qual tenha relação de emprego ou decorrente de contrato de prestação de serviços;

8) em que figure como parte cliente do escritório de advocacia de seu cônjuge, companheiro ou parente, consanguíneo ou afim, em linha reta ou na colateral, até o terceiro grau, inclusive, mesmo que patrocinado por advogado de outro escritório;

9) quando promover ação contra a parte ou seu advogado.

No caso do item 3, retro, o impedimento só ocorrerá quando o advogado, o defensor ou o membro do Ministério Público já estavam exercendo o patrocínio da causa antes do início da atividade judicante do magistrado (art. 144, § 1º) — *nos mesmos autos*, acrescentamos.

A lei proíbe a criação de fato superveniente para caracterizar o impedimento do magistrado (*ibidem*, § 2º).

No que tange à ao item 2 (art. 144, II, do CPC), devemos deixar claro que o juiz somente estará impedido de atuar no processo de que participou em outro grau de jurisdição, tendo-lhe proferido sentença ou decisão, pois esse impedimento só compreende a atuação do magistrado na mesma relação processual. Desta forma, se ele proferiu a sentença e agora se encontra no tribunal, não poderá fazer parte do julgamento do *recurso* interposto daquela sentença, porquanto a relação jurídica processual ainda é a mesma. Nada o impede, contudo, de participar do julgamento da *ação rescisória* cuja sentença rescindenda tenha sido por ele emitida, pois aqui haverá uma nova relação jurídica processual e, conseguintemente, se torna inaplicável a regra proibitiva constante do inc. III do art. 144, do CPC. Correta, por isso, do ponto de vista *técnico*, a orientação jurisprudencial cristalizada na Súmula n. 252 do Supremo Tribunal Federal: "Na ação rescisória, não estão impedidos os juízes que participaram do julgamento rescindendo". Sob o ângulo *político*, entretanto, será sempre recomendável que o juiz não participe do julgamento de ação rescisória tendo como objeto decisão por ele proferida em outro grau de jurisdição. Conquanto essa participação possa ser considerada legal, é antiética. De qualquer modo, a despeito da Súmula n. 252, do Excelso Pretório, estamos plenamente convencidos de que o juiz não poderá (impedimento) participar do julgamento da ação rescisória, na hipótese em exame, quando o fundamento desta for prevaricação, concussão ou corrupção do referido juiz.

Se o impedimento do juiz já existia ao tempo do proferimento da sentença e a parte interessada deixou de oferecer exceção (CLT, art. 799), essa sua incúria (ou ignorância) a inibirá de ajuizar, mais tarde, ação rescisória fundada, exatamente, nesse impedimento? É evidente que não. A falta de oferecimento de exceção de impedimento, em primeiro grau de jurisdição, não produz nenhum efeito preclusivo para a parte omissa. Não podemos nos esquecer que o impedimento implica, para o juiz, um inflexível dever de abstenção, pois é a ele, acima de tudo, que se dirige o mandamento incorporado no art. 144 do CPC. A propósito, apesar de o CPC atual não haver reproduzido a segunda parte do art. 137 do CPC de 1973, entendemos que ela foi tacitamente recepcionada pelo estatuto processual em vigor. Dispunha aquela norma do CPC revogado que se o juiz violasse o seu dever de abstenção renderia ensejo à sua recusa, por qualquer das partes; essa recusa seria manifestada, mesmo nos tribunais, sob a forma de exceção de impedimento, cujo procedimento obedeceria ao que dispusesse a norma *interna corporis*.

A CLT relaciona, no art. 801, os casos de suspeição do juiz; o de "parentesco por consanguinidade ou afinidade até o terceiro grau civil (letra "*c*") é, porém, de impedimento. A alusão a essa norma processual trabalhista nos induz a duas observações: a) os motivos de impedimento do juiz não se resumem ao parentesco, pois abarcam todos aqueles descritos pelos arts. 144 e 145, do CPC; a incidência dessas regras do processo civil se faz sem qualquer contraste com os princípios e as peculiaridades do processo do trabalho; b) os casos de impedimento atingem, por igual, os denominados juízes classistas — em todos os graus de jurisdição —, porquanto a ontológica parcialidade destes não constitui pretexto para que seja espezinhado o interesse público que representa o substrato político, ético, institucional e jurídico da regra capital à respeitabilidade dos pronunciamentos jurisdicionais, cuidadosamente inscrita no art. 144, do CPC.

A suspeição (CLT, art. 801, "*a*", "*b*", "*d*"; CPC, art. 145, I a III) embora também seja um vício subjetivo do julgador, não significa, ao contrário do impedimento, um veto absoluto à sua atuação. O seu dever de abstenção, aqui, é apenas relativo. Tanto isto é certo que se a parte interessada não oferecer, no momento oportuno, a correspondente exceção, o motivo da suspeição ficará, na maioria das vezes, diluído, rarefeito, ficando o juiz liberado para exercer as suas funções no processo.

Permite a lei, ainda, que o juiz se declare suspeito por motivo de foro íntimo (CPC, art. 145, § 1º).

Seguramente pelas repercussões menos graves no dever de imparcialidade do juiz é que a suspeição não foi incluída no elenco legal das causas de rescindibilidade dos julgados (CPC, art. 966, II).

Vimos que o art. 144 do CPC proíbe o juiz impedido de atuar no processo.

Renovamos, agora, a mesma pergunta que formulamos ao tratarmos da prevaricação, concussão e corrupção passiva: para a rescindibilidade do acórdão é bastante a participação do juiz impedido no julgamento em que ele foi proferido, ou o seu voto deve ter integrado a soma dos votos vencedores, ou, ainda, esse voto deverá ser decisivo?

Igualmente aqui entendemos que será suficiente para fundar a rescisória o fato de o voto emitido pelo juiz impedido haver composto a corrente vitoriosa.

Por mais forte razão, a rescisória deverá ser admitida quando tal voto foi decisivo para o resultado do julgamento. O que não nos parece aceitável é um voto dado por juiz, impedido motivar a rescisão do acórdão, quando esse voto, por integrar a corrente vencida (ou por ser o único contrário à tese vencedora), não possuir nenhuma influência no resultado qualitativo ou quantitativo do julgamento. Imaginemos, p. ex., que o autor tivesse pleno conhecimento da causa de impedimento de um ou mais juízes do tribunal, já na época do julgamento do recurso por ele interposto, mas preferisse não arguir o impedimento, supondo que o tribunal proveria o recurso, em virtude, principalmente, do cômputo dos votos proferidos pelos juízes impedidos. Como, entretanto, o órgão ad quem negou provimento ao recurso, o então recorrente se apressa em ingressar com a ação rescisória, fundada no impedimento que já era de sua ciência há muito tempo, colimando desfazer o acórdão que foi contrário aos seus interesses.

De resto, é desarrazoado pensar que a ação rescisória estribada em impedimento de juiz deva processar-se em segredo de justiça, *ad instar* do que se passa nas hipóteses de prevaricação, concussão e corrupção passiva; é que no impedimento o vício é de natureza extrínseca, sendo, pois, objetivamente constatável.

c.b.) Incompetência absoluta

Tradicionalmente, a doutrina adota um critério quinário para a determinação das competências: a) matéria; b) pessoa; c) função; d) território; e e) valor.

A competência se refere ao juízo e não ao juiz; a este dizem respeito, isto sim, o impedimento e a suspeição, vícios eminentemente subjetivos.

Não é inexata, de outra parte, a difundida assertiva de que a competência é "a medida da jurisdição".

Biparte-se a incompetência em: a) absoluta; e b) relativa. Compreendem-se, na primeira, as: em razão da matéria, da pessoa e da hierarquia (ou funcional); na segunda, as: em razão do território e do valor.

Essa divisão dicotômica apresenta relevante interesse de ordem prática, porquanto: a) a incompetência absoluta é improrrogável (ainda que nesse sentido seja a vontade das partes), ao passo que a relativa admite prorrogação, ainda que pela via tácita (CPC, art. 64). Duas notas devem ser aqui efetuadas. Em primeiro lugar, não nos parece inteiramente correto falar-se em "prorrogação" da competência, na medida em que o fenômeno que aí ocorre, em verdade, é de "deslocamento" da competência. Com efeito, quando um juízo que, a princípio, era incompetente se torna competente, o que houve foi um deslocamento da competência daquele para este, e não uma "prorrogação" da competência deste, a avançar sobre a daquele. Em todo caso, por força de uma larga utilização, o verbo *prorrogar* mereceu o prestígio da doutrina, da jurisprudência. Isso não impede, todavia, o abandono da praxe inveterada, em benefício da precisão terminológica. Em segundo, o critério medular que se empregou para separar a incompetência absoluta da relativa foi o do interesse público em jogo; b) a incompetência relativa pode ser arguida pela parte interessada mediante exceção (CLT, art. 799), sob pena de preclusão temporal e, consequentemente, de "prorrogação" em favor do juízo que não detinha a competência (*ratione loci*); já a incompetência absoluta deve ser declarada *ex officio*, embora possa ser alegada em qualquer tempo e grau de jurisdição, independentemente de exceção (CPC, art. 65, § 1º).

Cabe lembrar, ainda, que o CPC atual ordena ao réu alegar, preliminarmente, na contestação, a incompetência, seja relativa, seja absoluta (art. 337, II, *caput*). No sistema do processo do trabalho, entretanto, somente deve ser alegada, como preliminar, na contestação a incompetência absoluta, pois a relativa deve ser objeto de exceção (CLT, art. 799). A CLT não é omissa quanto à matéria (CLT, art. 769).

Tratando-se de incompetência absoluta, o juiz deve recusar cumprimento à carta precatória, devolvendo-a com despacho fundamentado (CPC, art. 267, II), o que não lhe será possível na hipótese de incompetência relativa, pois aqui prevalece a regra legal de que a carta possui caráter itinerante: "antes ou depois de lhe ser ordenado o cumprimento, poderá ser apresentada a juízo diverso do que dela consta, a fim de se praticar o ato" (CPC, art. 262).

Apenas a competência relativa pode ser modificada pela conexão ou pela continência (CPC, art. 54); somente a sentença proferida por juízo absolutamente incompetente é rescindível. Assim o é porque essa incompetência, ao contrário da relativa, não se convalida: o vício contamina a sentença desde o momento em que é lançada nos autos e nela permanece mesmo depois do trânsito em julgado, conquanto a sua presença motive a rescisão do julgado.

O CPC de 1939 limitava o uso da ação rescisória às sentenças proferidas por juízos incompetentes *ratione materiae* (a expressão latina constava daquele texto). A doutrina, contudo, afirmando haver sinédoque nessa disposição do Código, admitia o alargamento do manejo da rescisória, para alcançar também as decisões tiradas por juízos desapercebidos de competência em razão da pessoa e da hierarquia. O Código de 1973, em disposição mais bem adequada às exigências doutrinárias, aludia — genericamente — à incompetência absoluta, com o que apanhou, em um só movimento, todas as espécies do grupo (matéria, pessoa e hierarquia).

O processo do trabalho repele a possibilidade de as partes elegerem o foro competente para solucionar eventual conflito de interesses que entre elas se estabelecer — possibilidade que o processo civil concede, desde que esse acordo conste de contrato escrito e se refira, de modo expresso, a determinado negócio jurídico (art. 63, *caput*, parte final e § 1º), sendo certo que o foro de eleição obriga os herdeiros e sucessores das partes (*ibidem*, § 2º). No sistema da CLT, a competência em razão do território é fixada com acentuada rigidez, em atenção aos interesses do trabalhador, pelo art. 651. Posto à frente, contudo, esse interesse, não vemos como se possa inquinar de nula, de desvaliosa, ocasional avença entre as partes, em que se perceba que ela decorreu de um interesse direto e indiscutível do trabalhador.

Define-se a competência no momento do registro ou da distribuição da petição inicial, sendo irrelevantes as ulteriores modificações do estado de fato ou de direito, exceto quando acarretarem a supressão do órgão judiciário ou a alteração da competência (CPC, art. 43). Este é o postulado da *perpetuatio iurisdictionis.*

Pronunciada a incompetência absoluta, os autos deverão ser remetidos ao juízo competente e, salvo decisão judicial em contrário, os efeitos das decisões proferidas pelo juízo incompetente serão conservados até que outra seja emitida (CPC, art. 64, §§ 2º e 3º).

d) provenientes de dolo da parte vencedora em detrimento da vencida, ou de simulação ou colusão entre as partes, a fim de fraudar a lei.

Dolo (do latim *dolus*, artifício, esperteza, velhacada) significa, na terminologia jurídica, especialmente na processual, toda sorte de ardil, de artimanha, de astúcia, de maquinação que um dos litigantes coloca em prática, com o objetivo de prejudicar o adversário. *Simulação*, do latim *simulatio*, significa fingimento, disfarce, dissimulação. *Colusão* (do latim *collusio*) é o acordo fraudulento realizado em prejuízo de terceiro. Para que a rescisória possa ser ajuizada com esse fundamento, torna-se indispensável que: 1) a colusão tenha sido praticada pelas partes, 2) o pronunciamento jurisdicional rescindendo reflita a influência nele exercida pela colusão, 3) esta haja sido posta em prática, com o manifesto objetivo de fraudar a lei;

e) que perpetrarem ofensa à coisa julgada

A *res iudicata* material é legalmente definida como "a autoridade que torna imutável e indiscutível a decisão de mérito, não mais sujeita a recurso" (CPC, art. 502).

Afirmamos, no início deste tópico, que, de modo geral, a rescindibilidade das sentenças de mérito se origina de uma nulidade que esteja a contaminá-las. A ressalva feita teve o cuidado de colocar à margem dessa regra determinadas situações excepcionais, em que a sentença é rescindível mesmo quando não seja nula.

Se, por exemplo, a sentença se baseou em prova, cuja falsidade foi, posteriormente, comprovada em processo criminal, ela será suscetível de ataque pela via rescisória, facultando-se ao autor, inclusive, demonstrar a falsidade da prova nos autos da própria ação rescisória (CPC, art. 966, VI). Será rescindível, também, a sentença, se o autor, depois dela, obtiver prova nova, cuja existência desconhecia, ou de que não pôde fazer uso, desde que esse documento seja capaz, por si só, de lhe assegurar um pronunciamento favorável (*ibidem*, VII). Comporta rescisão, igualmente, a sentença que se houver fundado em confissão, desistência ou transação, contanto que o autor tenha meios de invalidá-las, comprovando, *e. g.*, que provieram de vício de consentimento do confitente, do desistente ou do transator.

Em todas as situações descritas, a sentença poderá ser rescindida, ainda que, como ficou evidente, não contenha nenhuma nulidade. Uma outra regra, em face disso, pode ser formulada, com vistas ao assunto de que estamos a nos ocupar: toda sentença de mérito, que seja nula, pode ser rescindida, embora a rescindibilidade não pressuponha, invariavelmente, a existência de nulidade.

É elementar que só se rescinde aquilo que existe (o *ser*, portanto); essa afirmação, aparentemente dispensável, se justifica pela necessidade de tornar claro que as sentenças inexistentes não comportam rescisão. Não se pode rescindir o que nada é (o não-ser) no mundo jurídico, embora exista, materialmente, no mundo sensível. Com isso, passamos ao próximo item de nossa exposição.

8. Sentenças inexistentes

Quando aludimos a sentenças ou a acórdãos inexistentes não estamos, à evidência, motivados por investigações metafísicas, conquanto estejamos examinando o fenômeno jurídico sob a óptica ontológica.

Logo, não iremos nos dedicar a reflexões puramente gnosiológicas, marcadas por um menosprezo escolástico pela realidade prática, e, sim, lançar nos a um estudo objetivo dessa modalidade de sentença, a que o Código dedicou pouca ou quase nenhuma atenção, procurando, com isso, traçar uma orientação doutrinária capaz de resolver, ainda que em parte, as dificuldades e perplexidades que o tema tem provocado, máxime na jurisprudência.

Um dos motivos de ordem prática, aliás, que nos levam ao estudo do assunto, decorre do fato, por nós referido há pouco, de que as sentenças inexistentes não são rescindíveis, pois a rescisão pressupõe a existência válida, ou seja, jurídica, do ato a ser rescindido. Para sermos mais bem compreendidos: como essa espécie de provimento jurisdicional não está protegida pela autoridade da coisa julgada, não pode ser objeto de ação rescisória e, sim, de ação declaratória de sua inexistência. Fique certo, por isso, que as sentenças inexistentes produzem efeitos enquanto não forem como tais declaradas. Para que ditos efeitos cessem, portanto, não basta que se saiba que a sentença inexiste, juridicamente, pois é imprescindível que o seu não-ser seja declarado pelo órgão jurisdicional competente.

Não ignoramos que haja opiniões de peso, opostas à nossa. O que queremos deixar patente, porém, com o parecer que estamos a sustentar, é esse fenômeno próprio das sentenças inexistentes, consistente na aptidão para produzirem efeitos enquanto a sua inexistência não for pronunciada. Se, p. ex., a sentença foi proferida por quem não é juiz, parece-nos inegável que os seus efeitos (aparentemente) jurídicos não cessarão pelo simples fato de descobrir-se que quem a emitiu não pertence ao Poder Judiciário, mas, sim, no momento que houver, sobre esse fato, um reconhecimento jurisdicional.

O exercício da ação declaratória, ao contrário do pertinente ao da rescisória, não está subordinado a nenhum prazo. É, pois, imprescritível o direito de ajuizá-la.

Assim como as sentenças nulas, as inexistentes podem dimanar de "vícios" endógenos (internos) ou exógenos (externos).

Será juridicamente inexistente, por "vício" endógeno, *v. g.*, a sentença que não contiver dispositivo. A questão é polêmica, como sabemos. Em todo caso, estamos convencidos de que a falta do *decisum* implica não a nulidade, mas a inexistência da sentença ou do acórdão. Com efeito, se devêssemos considerar nula a sentença, neste caso, não poderíamos escapar às conclusões de que: a) ela produziria coisa julgada material; b) decorridos dois anos do seu trânsito em julgado não poderia mais ser desconstituída, tornando-se, assim, definitivamente imutável. Ora, como se poderia afirmar, sem convulsionar os princípios, que uma sentença sem dispositivo transita em julgado, quando é notório que a esse fenômeno jurídico não se submete a fundamentação (CPC, art. 504, I e II), mas, exclusivamente, o *decisium* — que, na espécie, a sentença não possui? Demais, há um obstáculo de ordem lógica à opinião de que estamos a divergir: se não há a parte dispositiva, como se poderá executar a sentença, se lhe falta o elemento essencial da *condenação*?

Por tudo isso, julgamos que a sentença desprovida de dispositivo não é nula, mas inexistente, do mesmo modo como a petição inicial que não contenha pedido não pode ser chamada de *petição* (= ato de pedir).

Um outro exemplo de sentença inexistente, em decorrência de vício endógeno, é a que não se encontra assinada pelo juiz. A propósito, em voto acompanhado pelos ilustres pares da 1ª Turma do Tribunal do Trabalho da 9.ª Região, ao tempo em que integrávamos a magistratura, não admitimos o recurso ordinário interposto da sentença não assinada pelo juiz, por entender que faltava ao recorrente o indispensável *interesse processual* (autos n. 3.338/92). Realmente, se a sentença não estava assinada, era ato juridicamente inexistente; logo, não impusera ao recorrente nenhuma condenação. Nesse concerto, o acórdão fez as vezes de ação declaratória de inexistência da sentença e determinou a devolução dos autos ao MM. Juízo *a quo*, não para que assinasse a sentença (pois, aqui, era inaplicável o princípio da proteção, previsto no art. 796, "*a*", da CLT) e, sim, para que proferisse outra (e, por certo, a assinasse!), ainda que materialmente idêntica à anterior. Contudo, nada impediria, que, na situação exposta: a) o mesmo juiz proferisse sentença com resultado diverso do anterior; b) a sentença viesse a ser proferida por juiz diverso do que emitira a que havia sido declarada inexistente. Não cremos que o problema pudesse ser solucionado, atualmente, na vigência do CPC de 2015, com fulcro no art. 938, § 1º, pois não se cuidaria, no caso, de *vício sanável*, e sim de *inexistência* do ato jurisdicional recorrido.

A sentença não escrita, conquanto seja algo invulgar, também é inexistente, em razão de um vício que está nela própria (endógeno).

Como situações caracterizadoras de vícios exógenos, que conduzem à inexistência da sentença, podemos mencionar: a) a inexistência do próprio processo (por ter sido, digamos, conduzido por quem não era juiz, ou, sendo-o, encontrava-se aposentado ou afastado do cargo, etc.); b) a sentença não publicada.

Deixamos, propositadamente, para apreciação destacada, o problema da sentença proferida em processo em que o réu não foi citado, tornando-se, em decorrência disso, revel. A polêmica doutrinal em torno desse tema é profunda e já chega a assumir dimensões preocupantes. A necessidade de saber se, na espécie, o processo será nulo ou inexistente não deriva de um interesse acadêmico, puramente teórico, senão que de um interesse concreto, real, pois a ilação a que se chegar a respeito terá indiscutível repercussão na ordem prática, como procuraremos demonstrar.

Segundo ficou dito anteriormente, a citação válida constitui um dos pressupostos legais indispensáveis para o regular desenvolvimento de relação jurídica processual. Já a citação, considerada em si mesma, ou seja, consoante o seu sentido teleológico de dar conhecimento ao réu do ajuizamento de uma demanda, em que ele figura como parte, traduz um pressuposto de existência do processo. Essa separação entre a citação válida e a citação-em-si não só é reconhecida pela doutrina (Tereza Arruda Alvim Pinto, obra cit., pág. 15), como se revela extremamente útil para resolver a questão respeitante a ser nulo ou inexistente o processo em que o réu não tenha sido citado.

Se, efetivamente, *não houve* citação, o processo será *inexistente*; se a citação *foi feita*, embora de modo irregular, o processo será *nulo*. No primeiro caso, nem mesmo se expediu o instrumento de citação; no segundo, a citação foi realizada com descumprimento de norma legal, como, por exemplo, dos arts. 244 e 245, do CPC.

Em termos práticos, isso significa que a sentença proferida em processo: a) nulo, deverá ser objeto de ação rescisória (CPC, art. 966, V), no prazo fixado em lei; b) inexistente, deverá ser declarada em ação própria, ou incidentalmente (como, por exemplo, em grau de recurso), sendo imprescritível esse direito de ação. Os diferentes meios pelos quais se busca a invalidação de uma e outra sentença, na situação exposta, se justificam pelo fato de a sentença inexistente não conter o selo da imutabilidade, porquanto não gera o fenômeno da coisa julgada material, ao contrário, portanto, do que se dá com a sentença nula.

Reitera-se, apenas, que a sentença, embora inexistente juridicamente, produzirá efeitos (= eficácia) enquanto não for assim declarada — hipótese em que a pronúncia de inexistência fará apagar, por inteiro, o rastro de aparência jurídica deixado por essa espécie de sentença.

Tidas como verdadeiras essas premissas, enfrentemos, agora, o problema referente à possibilidade de, no processo do trabalho, o devedor alegar, em seus embargos, a "nulidade" do processo de conhecimento, que se formou e se desenvolveu à sua revelia. Dita possibilidade é assegurada pelo processo civil, conforme evidenciam os arts. 525, § 1º, I, e 917, VI.

Sempre sustentamos o entendimento de que essas normas do processo civil são inaplicáveis ao do trabalho, argumentando, dentre outras coisas, que os sistemas próprios de ambos os processos contêm certas peculiaridades essenciais, que impedem sejam mesclados ou imbricados, sob pena de graves distorções da estrutura lógica em que se baseiam.

Não abandonamos essa opinião; o que faremos, nas linhas subsequentes, nada mais será do que reexaminar a matéria, agora sob o pano-de-fundo da separação que realizamos, entre citação nula e inexistência de citação – separação que não fizemos outrora.

Citação nula. Conforme afirmamos em linhas transatas, quando falamos em citação nula, estamos pressupondo uma citação que existiu, que houve, a despeito de ter sido realizada com violação de norma tuteladora de interesse público, do que decorre a invalidade do ato. Se, por exemplo, o réu foi citado quando participava de ato de cunho religioso, sem que a citação fosse necessária para evitar o perecimento do direito, o ato processual será nulo (CPC, art. 244, §1º). Apesar disso, não há negar que o réu tomou conhecimento da existência da ação, devendo, portanto, comparecer a juízo, para arguir a nulidade, hipótese em que a citação considerar-se-á efetuada na data em que ele ou seu advogado foi intimado da decisão que decretou a nulidade do ato.

Sob esse aspecto, parece haver incidido em erro sistemático o estatuto de processo civil, ao permitir que o devedor, em seus embargos, alegue a nulidade do processo de conhecimento (no qual foi revel) em decorrência da nulidade da citação, uma vez que esse vício deveria ter sido por ele denunciado no próprio processo cognitivo, na medida em que, bem ou mal, ficou ciente da existência da ação.

Essa é, a nosso ver, a solução que deve ser dada ao problema, também no processo do trabalho. Devemos acrescentar que, sendo indiscutível o fato de o nulo transitar em julgado (basta ver que o art. 966 do CPC prevê o uso da rescisória para desfazer sentenças nulas, como patenteiam os incisos I, II, III, IV, V, VIII), fica difícil admitir a ideia de que o devedor possa, em sede de embargos à execução, alegar a invalidade do processo de conhecimento, em que a citação foi feita, conquanto de maneira irregular. Em muitos casos, aliás, nem se tratará de nulidade, mas de simples anulabilidade, como quando a citação for realizada mediante forma diversa da prescrita em lei (CPC, art. 277).

Citação inexistente. Como tal, consideramos a que não foi realizada, seja porque o seu instrumento nem sequer chegou a ser expedido, seja porque, se regularmente expedido, o ato teve como destinatária pessoa diversa daquela que deveria ser citada.

O que nos parece essencial assinalar, para efeito de caracterizar a inexistência jurídica da citação, é a particularidade de o réu não haver, efetivamente, tomado conhecimento da existência da ação — e poder produzir a consequente prova disso.

Nesse quadro, é absolutamente compreensível que se lhe dê oportunidade para alegar a falta (= inexistência) do ato quando oferecer embargos à execução, pois terá sido esta a primeira vez que soube da ação. O assunto, porém, não se esgota com esse concluimento. Dentro, ainda, do tema da inexistência de citação, no processo cognitivo, que faz gerar a revelia do réu, duas variantes devem ser colocadas em pauta, para estudos.

Uma coisa é o réu não haver sido citado para o processo de conhecimento e nem intimado da sentença e, outra, haver sido intimado dessa sentença.

No primeiro caso, é perfeitamente justificável que se conceda a ele a possibilidade de arguir, nos embargos que vier a oferecer à execução, a inexistência do próprio processo cognitivo, pela falta de citação, porquanto, como sublinhamos há pouco, somente ao ser citado para a execução é que ficou sabendo do ajuizamento da ação. É elementar que, inexistindo o processo, inexistirá tudo o que nele tenha sido produzido, como o (aparente) título executivo, representado pela sentença condenatória. Essa situação tem sido apreciada, com certa constância, pela jurisprudência trabalhista, que acabou por estabelecer a orientação de que o (suposto) devedor, citado para a execução, pode interpor recurso ordinário da sentença, onde postulará, perante o tribunal, o reconhecimento da inexistência do processo, excluída a petição inicial. Referida construção jurisprudencial, nada obstante venha sendo acatada por quase todos, traz, em si, um indisfarçável traço de ilogismo. Assim asseveramos porque, se o processo não tem existência (é o não-ser), o réu (suposto devedor), ao ser citado para o que se imaginava ser a execução da sentença, deveria alegar a inexistência do processo cognitivo perante o próprio juízo de primeiro grau que poderia, se fosse o caso, acolher a arguição e pronunciar a inexistência daquele processo.

Poder-se-á objetar, no entanto, que a nossa opinião esbarra no art. 494, do CPC, de acordo com o qual, publicada a sentença, o juiz somente poderá alterá-la: a) para corrigir-lhe inexatidões materiais ou erros de escrita; b) por meio de embargos de declaração. Diante disso, devemos redarguir, em caráter proléptico, que essa norma do processo civil só é aplicável às sentenças válidas ou nulas, jamais às inexistentes. O próprio processo civil, como vimos, permite ao devedor alegar a nulidade do processo de conhecimento perante o juízo da execução, em que pese ao fato de o art. 515, § 1º, I, prever como objeto dessa arguição, além da falta (o que é correto) de citação, a nulidade (o que é errado) desta. De qualquer forma, a referência a esse processo serve para demonstrar que não deve ser recebida como extravagante a ideia de poder o devedor alegar, na execução trabalhista, perante o juízo por onde ela se processa, a inexistência do processo cognitivo, por falta de citação.

Julgamos ser necessário que a doutrina trabalhista se convença, de uma vez para sempre, que os conceitos de sentença nula e de sentença inexistente são absolutamente inconfundíveis e que tal dessemelhança justifica a diversidade dos meios adequados à invalidação de uma e de outra e das competências jurisdicionais para decretar a nulidade ou declarar a inexistência.

No segundo caso, todavia, em que o réu não foi citado para o processo de conhecimento, mas foi intimado da sentença, não se pode admitir que venha a alegar, somente nos embargos à execução, a falta daquele ato, pois o momento oportuno para fazê-lo era o do recurso ordinário, que interpôs ou deveria ter interposto da mencionada sentença.

Embora, o processo seja, também aqui, inexistente, pela falta de citação, deveria o réu ter alegado o vício em grau de recurso, porquanto foi intimado da sentença proferida à sua revelia. Não nos parece ser por outro motivo que a lei exige a intimação do revel, conforme já afirmamos (CLT, art. 852). Convém insistir, neste ponto: por que razão o processo do trabalho determina que o réu revel seja intimado da sentença, a não ser, exatamente, para que possa, em grau de recurso ordinário, alegar a inexistência do processo cognitivo? Por aí se vê ser inconciliável com o processo do trabalho a regra dos art. 525, §1º, I, do CPC, que concede ao devedor o direito de alegar, em sua impugnação, a "nulidade" *(rectius*: inexistência) do processo de conhecimento, por *falta* da citação.

Capítulo II

Resumo

O aspecto multifacetado do tema que constitui objeto deste Capítulo sugere-nos formular, com efeito didático, uma síntese do quanto expusemos a respeito. É o que faremos, a seguir:

a) ato processualmente nulo é o que, embora exista no mundo jurídico, foi praticado mediante violação de norma legal tuteladora de um interesse público; a nulidade não se convalida, podendo ser decretada, *ex officio*, pelo juízo competente, e arguida pelas partes, em qualquer tempo ou grau de jurisdição;

b) ato anulável é, igualmente, o que existe, do ponto de vista jurídico, mas foi realizado com ofensa a norma protetiva de interesses puramente privados; a anulabilidade deve ser alegada pela parte (que não lha tenha dado causa), na primeira vez em que tiver de falar nos autos ou em audiência, sob pena de preclusão temporal;

c) ato inexistente é o que só existe materialmente, pois a sua existência jurídica é, apenas, aparente; assim como o ato nulo, o inexistente pode ser declarado de ofício, pelo juiz, ou alegado pelas partes, em qualquer tempo, exceto em situações excepcionais;

d) a sentença nula passa em julgado, podendo, por isso, ser rescindida; a rescisão das sentenças (em sentido amplo) não pressupõe, contudo, como elemento imprescindível, a presença de nulidade;

e) as sentenças inexistentes, por não produzirem coisa julgada material, devem ser objeto de ação declaratória, cujo exercício do direito é imprescritível; a declaração de inexistência pode ser feita, em alguns casos, *incidenter tantum*, ou seja, independentemente do ajuizamento de ação específica, como, *e. g.*, em grau de recurso;

f) sentença sem dispositivo não é nula e, sim, inexistente;

g) as sentenças podem ser nulas ou inexistentes, em decorrência de duas classes de vícios: a) endógenos, quando instalados na própria sentença; é esta, pois, que os origina; b) exógenos, quando nascidos fora da sentença, contaminando-as gravemente;

h) no que toca, particularmente, à possibilidade de o devedor alegar, nos embargos à execução, a nulidade do processo de conhecimento, que se formou e se desenvolveu à sua revelia, devem ser observadas as seguintes regras: 1) tratando-se de citação nula, ou seja, que foi feita, embora em desacordo com a lei, não será possível ao devedor alegá-la, nos embargos, pois, como dissemos, em nosso sistema jurídico o nulo transita em julgado; logo, a nulidade deve ser desfeita por meio de ação rescisória da sentença emitida no processo de conhecimento; 2) cuidando-se de falta de citação, deve ser verificado se o réu foi intimado da sentença proferida à sua revelia, ou se não o foi.

No primeiro caso, não poderá alegar, nos embargos, o vício, porque, ao ser intimado da sentença, deveria tê-la impugnado mediante recurso ordinário, oportunidade em que postularia, perante o tribunal, a declaração da inexistência do processo cognitivo, como um todo. Ao não recorrer da sentença, permitiu que esta, em situação verdadeiramente extraordinária, passasse em julgado (pois a inexistência, ao não ser alegada no momento oportuno, fez gerar, excepcionalmente, a preclusão). Logo, poderá fazer uso da ação rescisória para desconstituir a *res iudicata* material.

No segundo, será lícito ao devedor alegar a inexistência do processo de conhecimento, por falta de citação, pois somente ao ser citado para a execução foi que tomou conhecimento da existência da ação (demanda) — lembrando-se que não havia sido intimado da sentença condenatória.

A inexistência deverá ser declarada, sempre que for o caso, pelo próprio juízo da execução, pois a norma proibitiva, que se esplende do art. 494 do CPC, só se justifica em face das sentenças válidas ou nulas, nunca das inexistentes.